首都圏版⑫ 使いやすい！教えやすい！家庭学習に最適の問題集！

日本女子大学附属豊明小学校

2021年度版 過去問題集

＜問題集の効果的な使い方＞

①お子さまの学習を始める前に、まずは保護者の方が「入試問題」の傾向や、どの程度難しいか把握します。もちろん、すべての「学習のポイント」にも目を通してください

②各分野の学習を先に行い、基礎学力を養いましょう！

③「力が付いてきたら」と思ったら「過去問題」にチャレンジ！

④お子さまの得意・苦手がわかったら、その分野の学習をすすめ、全体的なレベルアップを図りましょう！

合格のための問題集

日本女子大学附属豊明小学校

図形	Ｊｒ・ウォッチャー53「四方からの観察　積み木編」
数量	Ｊｒ・ウォッチャー37「選んで数える」
巧緻性	Ｊｒ・ウォッチャー51・52「運筆①②」
記憶	1話5分の読み聞かせお話集①②
推理	Ｊｒ・ウォッチャー47「座標の移動」

全40問

昨年度実施の過去問題 ＋ それ以前の特徴的な問題 を収録!!

日本学習図書 ニチガク

こんなこと…ありませんか？

「ニチガクの問題集…買ったはいいけど、、、
この問題の教え方がわからない（汗）」

メールでお悩み解決します！

☆ ホームページ内の専用フォームで必要事項を入力！
☆ 教え方に困っているニチガクの問題を教えてください！
☆ 確認終了後、具体的な指導方法をメールでご返信！
☆ 全国どこでも！ スマホでも！ ぜひご活用ください！

<質問回答例>

学習のポイント

推理分野の学習では、後の学習に活きる思考力を養うことができます。ご家庭で指導する場合にも、テクニックにたよらず、保護者の方が先に基本的な考え方を理解した上で、お子さまによく考えさせることを大切にして指導してください。

Q.「お子さまによく考えさせることを大切にして指導してください」と学習のポイントにありますが、考える習慣をつけさせるためには、具体的にどのようにしたらいいですか？

A. お子さまが考える時間を持てるように、質問の仕方と、タイミングに工夫をしてみてください。
たとえば、「答えはあっているけど、どうやってその答えを見つけたの」「答えは○○なんだけど、どうしてだと思う？」という感じです。はじめのうちは、「必ず30秒考えてから手を動かす」などのルールを決める方法もおすすめです。

まずは、ホームページへアクセスしてください!!

http://www.nichigaku.jp　日本学習図書　検索

家庭学習ガイド
日本女子大学附属豊明小学校

入試情報

応募者数：女子 279 名
出題形式：ペーパー・ノンペーパー
面　　接：保護者・志願者面接
出題領域：ペーパー（数量、記憶、図形、模写）、巧緻性、制作、行動観察、口頭試問

入試対策

当校の「ペーパーテスト」では、数量・推理・図形分野の難度が例年より少し上がったように思われます。入試の中でこの分野の比重が高いことと合わせて考えると、志願者に観察力と思考力を求めていることがうかがえます。推理分野の出題も多くなっています。「行動観察」では、「（簡単な）制作とグループで行う指示行動」という課題が出されました。また、集団活動では、主に共同作業の様子、工夫、トラブル時の解決方法など、他者との関わり方が観られます。なお、例年「巧緻性」のテストが課されることからも、当校が生活体験の豊富さを重視していることがうかがえます。日常生活自体が対策と考え、１つひとつの活動にていねいに取り組み、自然に知識と技術を身に付けていけるようにしましょう。

- 巧緻性では、当校の特徴的な課題である「濃淡の塗り分け」と、複雑な線をなぞる運筆の２つが、ここ数年で何度も出題されています。この２つの課題に対しては、過去に出題されたものも含め、しっかりと練習を行ってください。

- 昨年のペーパーテストでは、「数量」「図形」の分野で、例年より難しい問題が出題されました。両分野とも「慣れる」ことが重要な分野です。正確さと素早さを両立できるような練習を進めてください。

必要とされる力 ベスト6

チャートで早わかり！

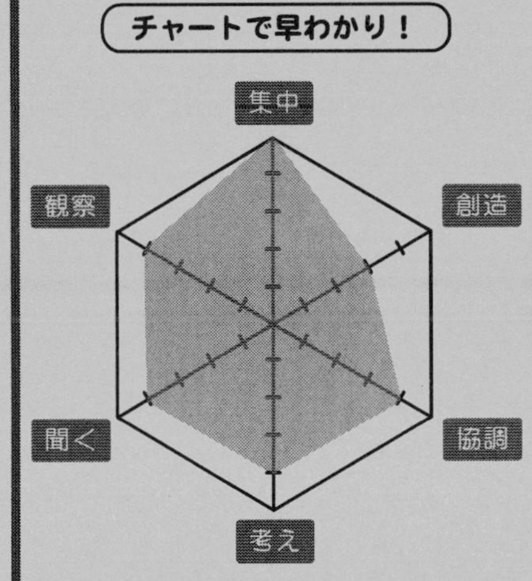

特に求められた力を集計し、左図にまとめました。
下図は各アイコンの説明です。

	アイコンの説明
集中	集　中　力…他のことに惑わされず１つのことに注意を向けて取り組む力
観察	観　察　力…２つのものの違いや詳細な部分に気付く力
聞く	聞　く　力…複雑な指示や長いお話を理解する力
考え	考える力…「～だから～だ」という思考ができる力
話す	話　す　力…自分の意志を伝え、人の意図を理解する力
語彙	語　彙　力…年齢相応の言葉を知っている力
創造	創　造　力…表現する力
公衆	公衆道徳…公衆場面におけるマナー、生活知識
知識	知　　識…動植物、季節、一般常識の知識
協調	協　調　性…集団行動の中で、積極的かつ他人を思いやって行動する力

※各「力」の詳しい学習方法などは、ホームページに掲載してありますのでご覧ください。http://www.nichigaku.jp

「日本女子大学附属豊明小学校」について

<合格のためのアドバイス>

かならず読んでね。

入学試験の観点は、当校が掲げている教育方針や実践している教育によく表れており、そのことを踏まえて、入試準備を行う必要があります。当校の過去問題を分析していくと、入学試験を勝ち抜くいくつかのキーワードが見えてきます。それは、当校が目標としている児童像である、「一生懸命頑張る子」「自分から進んで行動する子」「みんなと力をあわせ協力する子」です。

学校で実践している教育内容は、その素質として、志望される方にも求められていると考えられます。その点は、特に巧緻性テストや行動観察テストの内容からもうかがうことができます。当校を志望する場合、まず、そうしたポイントをしっかりと理解する必要があります。その上で、ふだんの生活においても、「一生懸命がんばる」「自分から行動する」「みんなと力をあわせる」を意識して行動するとよいでしょう。

試験会場で初めてあうお友だちと一緒に行動をする時には、相手を尊重して思いやった行動ができるかどうかということも、1つのポイントになります。例えば、集団行動が苦手な子がいた時にうまく声をかけたり、自我が強い子がいた時に一歩下がってみたりなど、周りのお友だちの動きに合わせて、自分の振る舞い方を決められることも、大切な資質の1つです。そうしたことをお子さまが自ら学んでいくことができるように、お友だちとの遊びの時間を大切にしてください。また、お子さまが日常生活や保護者の方々の価値観や規範の影響を強く受けていることを、常に念頭に置いてください。

家庭においては、お子さまの成長に合わせた学習量・内容を意識してください。お子さまにたくさんの経験を積ませることができれば、それだけ多くのことを学ぶことができますが、与えすぎもいけません。お子さまが受け止めきれる量よりも少し多めぐらいがよいでしょう。

面接では、学校が求める親子像を理解し、家庭の考え方をしっかり固めることが必要です。日頃から、学校の考えとご家庭の方針が一致するように、子育てや躾の仕方を見直してみるとよいでしょう。

〈2020年度選考〉

〈考査日〉
◆ペーパーテスト
◆口頭試問・行動観察
◆

〈面接日〉
◆保護者・志願者面接
（考査日、または考査後に実施／10分～15分）

◇過去の応募状況

年度	応募者数
2020年度	女子279名
2019年度	女子248名
2018年度	女子253名

入試のチェックポイント

◇受験番号…「生年月日順」
◇生まれ月の考慮…「あり」

〈本書掲載分以外の過去問題〉

◆面　　接：名前、幼稚園名、好きなテレビ番組［2013年度］
◆図　　形：重ね図形、鏡図形［2012年度］
◆数　　量：何個の積み木が使われているか数える［2012年度］
◆推　　理：シーソー［2013年度］

得 先輩ママたちの声！

◆実際に受験をされた方からのアドバイスです。
ぜひ参考にしてください。

日本女子大学附属豊明小学校

・口頭試問での案内役は在校生のお姉さんがしてらっしゃいました。きちんとしていて、立派でした。

・ペーパーテストの量はそれほど多くありませんが、行動観察や口頭試問を通し、じっくり観察されているように思います。

・自由遊びの課題では、楽しい雰囲気づくりがされていて、テンションがあがりすぎて注意されているお子さまもいらっしゃいました。

・ふだんから、お手伝いを習慣にするなど家庭でできることをしっかり行いました。ふだんのことが試験ではそのまま出てしまうので、日頃の躾がとても大切だと思います。

・面接は終始和やかに行われました。リラックスしすぎてはいけませんが、過度に構えることはないと思います。事前の準備をしっかりとしておけば大丈夫です。

・面接は両親と子どもの３人で臨まれる家庭が多いようです。質問の順番は、父→子ども→母→父→母→子どもといった感じで順不同です。いつでも質問に答えられるようにしておきましょう。

日本女子大学附属豊明小学校

過去問題集

〈はじめに〉

現在、少子化が叫ばれているにもかかわらず、私立・国立小学校の入学試験には一定の応募者があります。入試は、ただやみくもに学習するだけでは成果を得ることはできません。志望校の過去における出題傾向を研究・把握した上で、練習を進めていくこと、その上で試験までに志願者の不得意分野を克服していくことが必須条件です。そこで、本問題集は小学校を受験される方々に、志望校の出題傾向をより詳しく知って頂くために、過去に遡り出題頻度の高い問題を結集いたしました。最新のデータを含む精選された過去問題集で実力をお付けください。

また、志望校の選択には弊社発行の「2021年度版 首都圏・東日本 国立・私立小学校 進学のてびき」をぜひ参考になさってください。

〈本書ご使用方法〉

◆出題者は出題前に一度問題を通読し、出題内容などを把握した上で、〈準 備〉の欄に表記してあるものを用意してから始めてください。

◆お子さまに絵の頁を渡し、出題者が問題文を読む形式で出題してください。問題を読んだ後で、絵の頁を渡す問題もありますのでご注意ください。

◆「分野」は、問題の分野を表しています。弊社の問題集の分野に対応していますので、復習の際の目安にお役立てください。

◆問題番号右端のアイコンは、各問題に必要な力を表しています。詳しくは、アドバイス頁（ピンク色の１枚目下部）をご覧ください。

◆一部の描画や工作、常識等の問題については、解答が省略されているものがあります。お子さまの答えが成り立つか、出題者が各自でご判断ください。

◆〈時 間〉につきましては、目安とお考えください。

◆解答右端の［○年度］は、問題の出題年度です。［2020年度］は、「2019年の秋から冬にかけて行われた2020年度入学志望者向けの考査で出題された問題」という意味です。

◆学習のポイントは、指導の際にご参考にしてください。

◆【おすすめ問題集】は各問題の基礎力養成や実力アップにご使用ください。

〈本書ご使用にあたっての注意点〉

◆文中に **この問題の絵は縦に使用してください。** と記載してある問題の絵は縦にしてお使いください。

◆〈準 備〉の欄で、クーピーペン、色鉛筆などと表記してある場合は12色程度のものを、画用紙と表記してある場合は白い画用紙をご用意ください。

◆文中に **この問題の絵はありません。** と記載してある問題には絵の頁がありませんので、ご注意ください。なお、問題の絵の右上にある番号が連番でなくても、中央下の頁番号が連番の場合は落丁ではありません。

下記一覧表の●が付いている問題は絵がありません。

問題1	問題2	問題3	問題4	問題5	問題6	問題7	問題8	問題9	問題10
						●	●	●	
問題11	問題12	問題13	問題14	問題15	問題16	問題17	問題18	問題19	問題20
				●	●				
問題21	問題22	問題23	問題24	問題25	問題26	問題27	問題28	問題29	問題30
	●						●		
問題31	問題32	問題33	問題34	問題35	問題36	問題37	問題38	問題39	問題40
				●					

◎学習効果を上げるため、前掲の「家庭学習ガイド」及び「合格のためのアドバイス」をお読みになり、各校が実施する入試の出題傾向を、良く把握した上で問題に取り組んでください。
※冒頭の「本書ご使用方法」「ご使用にあたっての注意点」も併せてご覧ください。

2020年度の最新問題

問題1　分野：推理（位置の移動）

聞く　考え

〈準　備〉　鉛筆

〈問　題〉　**この問題の絵は縦に使用してください。**
女の子が、郵便ポストに手紙を出しに行こうとしています。家を出て左に曲がり、交番の前を通って信号を渡り、次の交差点を右に曲がって道を行くと、その脇には花が咲いていました。少し進むと花屋さんとパン屋さんが並んでいます。その先に踏み切りがあり、赤い電車がそこを走って行きました。踏み切りを渡ると、今度は道が４本に分かれていました。女の子は右から２番目の道を進みました。道には黒ぶち模様のネコがいます。その前を通り過ぎるとスーパーがあり、その先にポストがありました。男の子はポストに手紙を入れると、元来た道を戻りました。
（問題１の絵を渡して）
☆からポストまで、女の子の通った道に線を引きましょう。

〈時　間〉　２分

〈解　答〉　下図参照

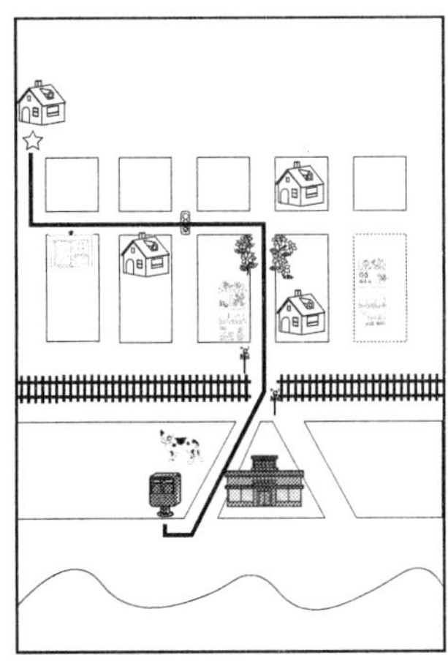

[2020年度出題]

学習のポイント

お話のように女の子の通った道が話されるので、何となく聞いていると肝心の部分を聞き逃してしまいます。どのような問題であっても「何を」「どのように（答える）」といった指示はお話と同じように集中して聞きましょう。さて、この問題のポイントは「地図上での左右は登場人物にとっての左右である」ということです。問題を解いている人から見ての左右ではありません。単なる勘違いならよいのですが、この問題を間違えた場合は左右の弁別ができていない、対称図形や鏡図形といった問題がよくわかっていないのかもしれません。大げさかもしれませんが、空間認識の第一歩で、図形分野の基礎になる内容です。よく理解しておいてください。

【おすすめ問題集】

Ｊｒ・ウォッチャー31「推理思考」、47「座標の移動」

家庭学習のコツ①　「先輩ママのアドバイス」を読みましょう！

本書冒頭の「先輩ママのアドバイス」には、実際に試験を経験された方の貴重なお話が掲載されています。対策学習への取り組み方だけでなく、試験場の雰囲気や会場での過ごし方、お子さまの健康管理、家庭学習の方法など、さまざまなことがらについてのアドバイスもあります。先輩ママの体験談、アドバイスに学び、ステップアップを図りましょう！

問題2　分野：記憶（お話の記憶）

聞く　集中

〈準備〉　クーピーペン（水色）

〈問題〉　**この問題の絵は縦に使用してください。**

これからお話をしますから、よく聞いて後の質問に答えてください。

あさこちゃんは、お兄さんとお姉さんとお母さんとお父さんとで、海水浴にでかけました。お家の玄関を出ると、あさこちゃんが育てているアサガオが満開になっていました。はじめにバスに乗り、次に電車に乗り換えて、またさらに別の電車に乗り換えて、ようやく海の近くの駅に到着しました。駅から歩いて海に向かっていると、空にはカモメが３羽飛んでいました。砂浜では大きなカニと小さなカニの親子が仲良く歩いているのを見つけました。海に着くとお父さんとお母さんはビーチパラソルを立てたり、テントを組み立てたりして日陰を作りました。お兄さんはゴムボートや浮き輪に空気を入れて、お姉さんは持ってきた荷物を並べて準備をしています。あさこちゃんは早く海で遊びたくて、「ねえねえ！お姉ちゃん早く遊ぼうよ！」とおおはしゃぎで言いましたが、お姉さんは水着を忘れてしまったので海に入れません。しかたがないので、持ってきたバケツとスコップで、あさこちゃんといっしょに砂山を作って遊ぶことにしました。お兄さんとお父さんは海で泳いだりゴムボートに乗ったりして楽しそうに遊んでいます。お母さんは「日焼けしたくないのよ」と言って、テントの中からあまり出てこようとしませんでした。あさこちゃんは砂浜で白い巻貝を２つ拾ったので、お家で待っているおばあちゃんへのお土産にしました。お昼になったらお弁当を食べました。あさこちゃんはお腹が空いていたので、おにぎりを３つも食べてしまいました。それからお昼寝をして、午後もおもいっきり遊びました。今日はとても楽しい１日でした。

（問題２－１の絵を渡して）

①あさこちゃんがお家で育てているお花はどれですか。正しいものに○をつけてください。

②家族何人で海に行きましたか。その数だけ○をつけてください。

③あさこちゃんのお家から海まではどうやって行きましたか。乗り物に乗った順番で正しいものに、○をつけてください。

（問題２－２の絵を渡して）

④海にいた生き物はどれですか。正しいものに○をつけてください。

⑤お姉さんが持ってきたものに、○をつけてください。

⑥あさこちゃんがお土産をあげようとした人はだれですか。正しいものに○をつけてください。

⑦あさこちゃんがお弁当に食べたおにぎりの数はいくつですか。その数だけ○をつけてください。

⑧このお話の季節はいつだと思いますか。お話と同じ季節の絵に○をつけてください。

〈時間〉　各30秒

〈解答〉　下図参照

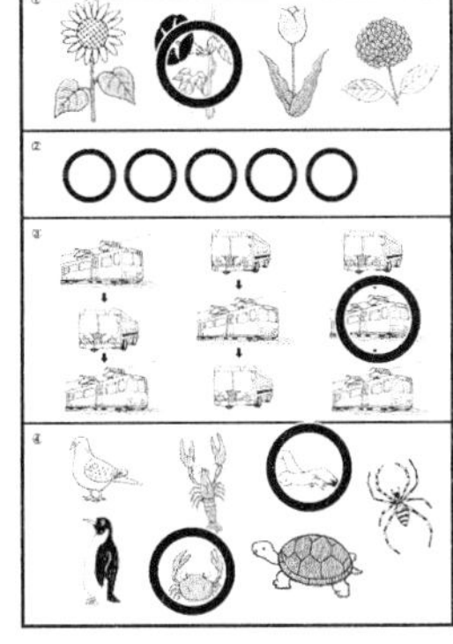

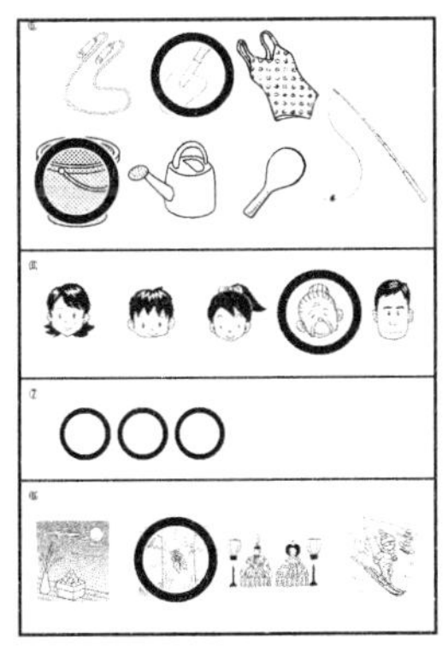

［2020年度出題］

学習のポイント

久しぶりに出題されたお話の記憶の問題です。お話はそれほど長いものではありませんが、問題数が多いのが特徴的です。数多くの問題に答えるにはお話の筋をつかみながら、登場するものの数、色、特徴といった細かい部分も覚える必要があります。また、問題1つひとつは難しいものではありませんが、④⑤のように予告なく複数解答がある設問が時々登場するので油断しないようにしましょう。とりあえず、問題の選択肢もすべてしっかりと確認してください。選択自体もカニとエビや、カモメとハトなど、見た目が紛らわしいものがあったり、②⑦のように個数を答えたりと、ケアレスミスを誘う問題が多いようです。記憶をすることに集中した後は、頭を切り替えて、解答することに細心の注意を払うといったメリハリを付けて臨むべき問題です。

【おすすめ問題集】

1話5分の読み聞かせお話集①・②、1話7分の読み聞かせお話集 入試実践編①、お話の記憶 初級編・中級編・上級編、Jr・ウォッチャー19「お話の記憶」

問題3 分野：数量（同数発見）

集中 観察

〈準備〉 クーピーペン（黒）

〈問題〉 この問題の絵は2枚あります。左の四角の中にある積み木と同じ数の積み木を、右側の四角の中から選んで○をつけてください。

〈時間〉 3分

〈解答〉 ①右端 ②右端 ③左端 ④左から2番目 ⑤右端 ⑥左端

［2020年度出題］

学習のポイント

積み木を数える問題のポイントは「イラストに描かれてない積み木を正確に数えることができるか」ということだけです。ほかの積み木が上に重ねられているために、描かれていない積み木も数えた上で答えれば、ほぼ間違えることはないでしょう。ただし、説明するだけではお子さまはわかってくれません。積み木を実際に積み、見えない部分にも積み木があるということを見せましょう。何回か繰り返せばどんなお子さまでも理解できます。この問題の場合、それほど複雑な積み木の組み方をしていませんし、扱う数もそれほど大きなものではありません。時間内にミスなく答えたいところです。

【おすすめ問題集】

Jr・ウォッチャー14「数える」、16「積み木」、36「同数発見」、53「四方からの観察　積み木編」

問題4　分野：比較（シーソー）

集中　考え

〈準備〉　クーピーペン（黒）

〈問題〉　**この問題の絵は縦に使用してください。**

（問題４－１の絵を渡す）

シーソーの絵が書いてあります。

①この絵の中で１番重たい動物は何ですか。イチゴの部屋の動物に○をつけてください。

②この絵の中で１番軽い動物は何ですか。リンゴの部屋の動物に○をつけてください。

③この絵の中で２番目に重たいのは何ですか。スイカの部屋の動物に○をつけてください。

④この絵の中で３番目に重たいのは何ですか。ブドウの部屋の動物に○をつけてください。

（問題４－２の絵を渡す）

それぞれの段で、１番重いものに○、１番軽いものに△を右側の四角の中の絵につけてください。

〈時間〉　問題１－１：各20秒　問題１－２：２分

〈解答〉　①タヌキ　②リス　③イヌ　④サル

⑤○：●　△：■　⑥○：メロン　△：イチゴ　⑧○：ニンジン　△：ナス

⑧○：ゾウ　△：トラ

［2020年度出題］

学習のポイント

手順としては、①比較するものをすべて順位付けする。②順位付けをもとに設問に答えるという形になるでしょう。「タヌキはリスより重いから…」と問題ごとに順位付けを考えるのは時間の無駄です。順位付けが覚えられないようなら、問題の絵にメモをしてかまいません。簡単な絵に不等号を付けるような形にしてください。簡単なものなら直感で答えられるのですが、複雑なものになると「～だから～だ」と考えなければ正解できないのが推理分野の問題です。保護者の方もそういった分野ごとの問題の趣旨・観点を踏まえた上で指導するようにしてください。なお、下記は本問の大小関係をまとめたものです。

1－1：リス＜ネコ＜サル＜イヌ＜タヌキ

1－2：⑤■＜★＜▲＜●　⑥イチゴ＜ミカン＜リンゴ＜メロン

⑦ナス＜キュウリ＜トマト＜タマネギ＜ニンジン　⑧トラ＜クマ＜ウシ＜シロクマ＜ゾウ

【おすすめ問題集】

Ｊｒ・ウォッチャー33「シーソー」

問題5　分野：図形（重ね図形）

集中　観察

〈準備〉　クーピーペン（緑）

〈問題〉　**この問題の絵は縦に使用してください。**
左側の絵は透明な紙に描かれています。この２枚の絵を重ねるとどうなると思いますか。右の４つの形から選んで○をつけてください。

〈時間〉　①②③各20秒　　④⑤⑥各30秒

〈解答〉　①左から２番目　②右から２番目　③左端　④右端　⑤左から２番目
⑥右端

［2020年度出題］

学習のポイント

重ね図形の問題は形を変えて毎年のように出題されています。選択肢から答えを選ぶ重ね図形の問題です。⑦⑧のように複雑な図形は全体を重ねようとするとどうしても混乱してしまうので、図形全体を移動させるのではなく、図形を分割して部分ごとに移動させましょう。コツは「重ねても変化しない部分は放っておく」です。例えば２つの図形で共通して何もない部分は、重ねても透明なままです。考えなくてもよい部分があればそれだけ早く答えが出せるだけでなく、余計な間違いもしないので、答えの精度が上げながら、時間の節約にもつながります。こうした問題は慣れるにしたがって、何となく答えがわかってしまうのですが、その段階になるまでは効率よく考える工夫も必要ということです。

【おすすめ問題集】
Ｊｒ・ウォッチャー35「重ね図形」

問題6　分野：制作（塗り絵）

創造

〈準備〉　クーピーペン（黒）

〈問題〉　左側にブドウの絵が描いてありますね。見本のブドウと同じように、濃い色・ちょっと濃い色・薄い色に分けて右側のブドウを塗ってください。

〈時間〉　10分

〈解答〉　省略

［2020年度出題］

当校でよく出題される問題です。はみ出さずに塗れるか、色の濃淡を１つの色（黒のクーピーペン）でどの程度表現できるのかという技術と、色を塗る場所が正しく把握できるのかという、指示の理解を評価されます。見た目と違いかなり難しい問題と考えた方がよいでしょう。色の濃さまで指示される塗り絵の塗り方は、① 1 番濃い色の部分を塗る　② 1 番薄い色を塗る　②最後残った部分を塗る、というのが基本です。色の濃さを一定にして濡れる部分が多いほど、ムラがなくなるというわけです。知る限り、他校でこのような問題は出題されていませんが、当校を受験するなら避けては通れません。ふだんから同じ色を使って何段階かに色を濃淡に塗り分ける練習をしておきましょう。

【おすすめ問題集】
Ｊｒ・ウォッチャー２「座標」、23「切る・貼る・塗る」

問題７　分野：行動観察

聞く　協調

〈準 備〉　ミニカー（２台）、クマ・ウサギの小さなぬいぐるみ、店のカード（トランプ状のカードに花屋、フルーツショップ、パン屋、魚屋、ペットショップなどが描かれている）、模造紙（１ｍ×１ｍ、家が数軒描かれている）、セロテープ、クーピーペン（適宜）

〈問 題〉　**この問題の絵はありません。**
※この課題は、４名で１つのグループを作って行います。
＜町を作り、買いものに行く＞
①グループのお友たちと、町を作り、それから買いものに行ってください。まずは町を作るので、お店のカードを紙に貼って、道を描いてください。
②町ができあがったら、「できました」と先生に言ってください。ミニカーとぬいぐるみを渡します。
③お友だちと相談して、みんなで買いものをしてください。

〈時 間〉　適宜

〈解 答〉　省略

［2020年度出題］

学習のポイント

行動観察は「一生懸命頑張る子」「自分から進んで行動する子」「みんなと力をあわせ協力する子」という、当校の教育目標どおりの観点で行われます。つまり、協調性と積極性が観点になっているわけです。しかし、内容的にはそれほど難しいものではありません。協調性と積極性を評価すると言っても、志願者ごとにとそれほどの差は付かないでしょう。結果的によほど変わった行動でも取らない限りはチェックされない、ということになります。むしろ、積極性を見せようとして人の意見を聞かずに行動したり、協調性を示そうとして無言で人の言われるがままになっている方がよほど問題です。保護者の方は、余計なプレッシャーを掛けるのではなく、試験の場でもふだん通りの行動をするようにお子さまに伝えておきましょう。

【おすすめ問題集】
Ｊｒ・ウォッチャー29「行動観察」

問題8　分野：自由遊び

協調　聞く

〈準 備〉　輪投げ、ボールプール、スーパーボールすくい、ブロック、おままごとセット

〈問 題〉　**この問題の絵はありません。**
ここにさまざまな遊び道具が置いてあります。これらの道具を使って、自由に遊んでください。私が「やめ」と言ったらすぐに遊びを止めて、使ったものを元の場所に片付けてください。

〈時 間〉　適宜

〈解 答〉　省略

［2020年度出題］

学習のポイント

自由遊びの課題は、遊びの中に垣間見られる、お子さまの自然な姿を観ることが目的です。お子さまのふだんの態度・姿勢にそれほど問題がなければ、特別な指導は必要ないでしょう。指導をしてしまうとどうしても不自然な振る舞いをするようになり、それが悪印象につながることもあります。この課題の途中で、試験官の先生がお子さまを１人ずつ呼び出して質問をします。質問の内容は、「今日の試験で楽しかったことは何ですか」「今日はどうやって来ましたか」「朝ごはんに何を食べましたか」など、簡単なものです。返答の内容は何でもかまいませんが、質問の内容を理解して言葉遣いに気を付けながら答えてください。

【おすすめ問題集】
Ｊｒ・ウォッチャー29「行動観察」

家庭学習のコツ②　「家庭学習ガイド」はママの味方！

問題演習を始める前に、試験の概要をまとめた「家庭学習ガイド（本書カラーページに掲載）」を読みましょう。「家庭学習ガイド」には、応募者数や試験科目の詳細のほか、学習を進める上で重要な情報が掲載されています。それらの情報で入試の傾向をつかみ、学習の方針を立ててから、対策学習を始めてください。

問題9　分野：面接

聞く　話す

〈準備〉　なし

〈問題〉　**この問題の絵はありません。**

【お子さまへの質問】
・名前を教えてください。
・お家では、どんなお手伝いをしていますか。
・幼稚園（保育園）では、どんな遊びが好きですか。
・幼稚園（保育園）に、お友だちはたくさんいますか。
・お母さんの作るお料理の中で、何が１番好きですか。

【お父さまへの質問】
・志望動機をお話ください。
・お休みの日は、お子さまとどのように過ごしていますか。
・お仕事の内容と、その仕事を目指したきっかけを聞かせてください。
・ご両親から受け継いだことで、大切にしていることがあったら聞かせてください。
・本校に期待することはどのようなことですか。教えてください。

【お母さまへの質問】
・本校の行事で印象に残っているものを教えてください。
・食事の時のマナーについて教えていることは何ですか。
・子育てで学んだことは何ですか。
・健康管理で気を付けていることはどのようなことですか。
・学校でお子さまにトラブルが起きた時、どのように対応されますか。

〈時間〉　10分前後

〈解答〉　省略　　［2020年度出題］

学習のポイント

実際の面接室では、ご両親とお子さまの３人に対して、３人の先生で面接が行われます。１人の先生が質問をし、ほかの２人の先生は、質問の受け答えの内容と、その時のお子さまの様子をチェックしています。また、答えに対してさらに質問を加えたり、父親の回答内容に対してお子さまに感想を聞いたりといったこともあったようです。当校の面接は、ご両親とお子さまの能力を測ろうというものではありません。入学の意思を確認するために、その考え方や姿勢を知るために行うものです。面接に臨む際には、細かい行動や与える印象にこだわりすぎずに、一緒に子育てをしていく仲間として、ご両親とお子さまをよく知ってもらうといったスタンスで臨んでください。教育に熱心に見えるだけでなく、当校を志願する熱意があるという印象が与えられるはずです。

【おすすめ問題集】
面接テスト問題集、面接最強マニュアル、新 小学校受験の入試面接Ｑ＆Ａ

2019年度以前の過去問題

問題10　分野：数量（計数）

観察　集中

〈準備〉　クーピーペン（水色）

〈問題〉　（問題10－1の絵を渡す）
左の絵を見てください。●の箱にあるものと、▲の箱にあるものを合わせると、それぞれいくつになりますか。同じものが、同じ数だけある箱を右から選んで○をつけてください。
（問題10－2、10－3の絵を渡す）
残りの問題も同じように進めてください。

〈時間〉　各15秒

〈解答〉　①右上　②左下　③左上　④右上　⑤右下　⑥左下

［2019年度出題］

学習のポイント

ランダムに散らばったものを種類ごとに数え、合計し、同数の組み合わせを探す数量の複合問題です。１～15程度を数える能力をはじめ、観察力、正確性などが観点となっています。実際の試験では、練習問題を使った説明を受けてから問題に取り組んだようです。本問では、問題が進むにつれてものの数が増え、④以降は２種類のものを数えなければいけません。このように、１つの設問の中で問題の難度が少しずつ上がっていく形式が、当校の数量分野問題の特徴です。

【おすすめ問題集】
Ｊｒ・ウォッチャー14「数える」、36「同数発見」、37「選んで数える」、38「たし算・ひき算1」、39「たし算・ひき算2」

家庭学習のコツ③　効果的な学習方法～問題集を通読する

過去問題集を始めるにあたり、いきなり問題に取り組んではいませんか？　それでは本書を有効活用しているとは言えません。まず、保護者の方が、すべてを一通り読み、当校の傾向、ポイント、問題のアドバイスを頭に入れてください。そうすることにより、保護者の方の指導力がアップします。また、日常生活のさまざまなことから、保護者の方自身が「作問」することができるようになっていきます。

問題11　分野：推理（聞き取り）

聞く　観察

〈準備〉　クーピーペン（水色）

〈問題〉　それぞれの段の絵を見て、次の質問に答えてください。
①１番上の段を見てください。大きな○の中に１本線が引かれていて、上には△、下には○があり、○の中に☆があるのはどれですか。選んで○をつけてください。
②上から２番目の段を見てください。黒く塗られたところの左側に▲、右側に○、▲の隣に☆があり、８つのお部屋に分かれているのはどれですか。選んで○をつけてください。
③上から３番目の段を見てください。大きな木にリンゴが３つなっています。大きな木の下には女の子がいて、お母さんと手をつないでいます。小さな木にはリンゴはありません。正しい絵を選んで、○をつけてください。
④１番下の段を見てください。白い耳のネコが右手にミカンを持っています。黒い耳のネコは、左手に何も持っていません。正しい絵を選んで、○をつけてください。

〈時間〉　各15秒

〈解答〉　①右端　②左端　③右端　④右から２番目

［2019年度出題］

学習のポイント

なぞなぞ形式で説明通りの絵を選ぶ聞き取りの問題です。紛らわしい説明を聞いて絵を判別しなければならないため、お話の記憶よりも詳しく正確に聞き取らなければなりません。例えば②は、円を等分した形ですが、それぞれの形の位置関係は時計回りで考えず、普通に上下左右で把握しなければいけません。④では、左右を左手・右手と、ネコの位置から考えます。また、耳の色でネコを区別したり、手に持っているものを見分けたりと、判断しなければいけない条件がいくつもあります。２つ以上の条件を同時に確認すると、混乱や判断ミスにつながるのは当たり前です。指示が１つされるたびに、条件に合うものを「その都度確認」して、判断ミスを防ぎましょう。その場合、問題を解き終えてから見直すのではなく、作業・判断などを１つするたびに、こまめに確認することを、ふだんから心がけて練習を進めてください。

【おすすめ問題集】
Ｊｒ・ウォッチャー20「見る記憶・聴く記憶」

問題12　分野：数量（積み木の数）

観察　集中

〈準備〉　クーピーペン（水色）

〈問題〉　左側の積み木と同じ数の積み木はどれですか。右側から選んで○をつけてください。

〈時間〉　各20秒

〈解答〉　①左から２番目　②右端　③右端　④左から２番目

［2019年度出題］

学習のポイント

積み木を使った同数探しの問題では、立体図形を把握し、正確に数える必要があります。積み木の数は10個前後のものばかりなので、問題そのものはそれほど難しくはありませんが、１問につき５組の積み木を数えることから考えると、解答時間は少し短く感じるかもしれません。重ねられた積み木の数を１度で正確に数えられるように、しっかりと練習をしておきましょう。上手に数えるためのポイントは、積み木を数える順番を、あらかじめ決めておくことです。積み木が宙に浮いていることはないので、上の方にある積み木の下には、必ず別の積み木が置かれていることになります。そこで、例えば、左側から右側へ（あるいは奥から手前へ）と順番に数えると、隠れている積み木を数え忘れたり、同じ積み木を２度数えたりする失敗を減らすことができます。ふだんの練習では、平面に描かれた積み木を数えたあとで、実際に積み木で同じ形を作って確認してください。絵に描かれた立体を感覚的に把握できるようになります。

【おすすめ問題集】
Ｊｒ・ウォッチャー14「数える」、16「積み木」、36「同数発見」、
53「四方からの観察　積み木編」

問題13　分野：図形（重ね図形）

観察　考え

〈準備〉　クーピーペン（水色）

〈問題〉　透明な紙に、左側にある２つの形を黒いペンで書いて、向きを変えずに重ねます。その時にできる形を、右側の絵の中から選んで○をつけてください。

〈時間〉　各20秒

〈解答〉　①左端　②左から２番目　③右端　④右から２番目

［2019年度出題］

学習のポイント

重ね図形の問題では、それぞれの形を重ねた時の形を思い浮かべ、その形と同じものを探すのが基本的な解き方です。つまり、それぞれがどのような図形かを把握した上で、それを重ねた時にどうなるかをイメージするということになります。本問では、「透明な紙に黒いペンで書く」という説明がされているので、絵の白い部分は「透明」という設定です。２枚の絵が重なると、かならず黒い部分が上に見えるということになります。例えば③の場合、白い◇は黒い●に隠されてしまいます。左側の部分が同じ絵を探してから右側の部分を見たり、左側の絵と違うものを消去したりするハウツーを使うと、かえって混乱してしまうかもしれません。できるだけ、２枚の絵を重ねた時の形をそのまま思い浮かべて解くようにしてください。重ね図形では、クリアファイルを利用した方法などがあります。学習の際に活用してみるとよいでしょう。

【おすすめ問題集】
Ｊｒ・ウォッチャー35「重ね図形」

問題14　分野：巧緻性（運筆）　集中

〈準 備〉　鉛筆

〈問 題〉　左のお手本をと同じ絵になるように、右の絵に色を塗り、足りないところを描き足してください。

〈時 間〉　５分

〈解 答〉　省略

［2019年度出題］

学習のポイント

運筆の課題です。「鉛筆を使った濃淡の塗り分け」を行います。この年齢のお子さまにとって、広い面積を「ムラなく塗る」ことや、「濃淡を塗り分ける」ことは難しいことです。当校を志望するならば、早い段階からしっかりと練習をしておくとよいでしょう。基本的な方法は、まず色を塗る部分全体を鉛筆で縁取り、次に鉛筆を寝かせる感じで、左上から右下へ向かって薄く塗っていきます。この時、ムラがあっても気にせず進め、最後まで塗ってから、塗り残した部分を軽く埋めます。色を濃く塗る時は、違う方向から２重・３重に塗り重ねると、濃淡がはっきりした仕上りになります。お子さまが苦戦するようなら、保護者の方が実際にやってみて、そこでつかんだコツをお子さまに伝えてみてください。また、色の塗り分けに注意が向きがちですが、足りない絵を補うことも忘れてはいけません。お手本通りに絵を補う時、波の形と太陽の角度（顔の向き）については、特に気を付けて書き写すようにしてください。

【おすすめ問題集】

Ｊｒ・ウォッチャー24「絵画」、51「運筆①」、52「運筆②」

問題15　分野：制作（想像画）　聞く　創造

〈準 備〉　画用紙、鉛筆、丸いシール（５色、５枚ずつ）、
四角いシール（黄土色、４枚）

〈問 題〉　**この問題の絵はありません。**
画用紙にシールを貼って、好きな絵を作ってください。渡されたシールは、全部使ってください。周りに鉛筆で絵を描き足してもかまいません。

〈時 間〉　約10分

〈解 答〉　省略

［2019年度出題］

家庭学習のコツ④　効果的な学習方法～お子さまの今の実力を知る

１年分の問題を解き終えた後、「家庭学習ガイド」に掲載されているレーダーチャートを参考に、目標への到達度をはかってみましょう。また、あわせてお子さまの得意・不得意の見きわめも行ってください。苦手な分野の対策にあたっては、お子さまに無理をさせず、理解度に合わせて学習するとよいでしょう。

学習のポイント

当校で例年出題されている絵画制作の課題です。この課題では、シールを使った想像画が出題されました。このような課題では、作品の良し悪しではなく、取り組み方などの行動面が観られている場合がほとんどです。指示の条件は、シールをすべて使うことだけですが、その指示を守った上で、作業に集中して取り組みましょう。本問のように、好きなものを作る課題では、何を作ったらよいか迷ってしまうことがあります。このような場合は、渡されたものをきっかけにして、どのような絵を描くのかを思い浮かべるとよいでしょう。例えば、黄土色の四角いシールから花壇の土をイメージして、お花畑を作るといったことです。想像することが苦手なお子さまには、自由絵画用のテーマを事前に決めておきましょう。例えば、「動物ならゾウ」「花ならチューリップ」といった漠然としたものでかまいません。少なくともテーマを考えるのに迷うことがなくなります。

【おすすめ問題集】

Ｊｒ・ウォッチャー22「想像画」、23「切る・貼る・塗る」、
実践 ゆびさきトレーニング①②③

問題16　分野：行動観察

聞く　協調

〈準備〉　クーピーペン（1箱）、丸いシール（あらかじめ、リボンとハートの絵を描いたものを、各6枚程度用意しておく）、画用紙（大きめのもの、あらかじめ四隅に花の絵を描いておく）、造花（5色、各2～3本程度）、箱（花が入る程度の大きさのもの、白黒各1つずつ、あらかじめ造花を入れておく）、花瓶（白黒各1つずつ）、エプロン

〈問題〉　**この問題の絵はありません。**

※この課題は、4名で1つのグループを作って行います。
<お花屋さんごっこ>
①6年生のお姉さんとジャンケンを3回します。終わったら、お姉さんからシールを受け取ってください。
・6年生と1対1でジャンケンをする。
・勝つとリボンのシール、負けるとハートのシールがもらえる。
②グループのお友たちと、お花屋さんの看板を作ります。花が描かれている画用紙にシールを貼った後、素敵な看板になるように、クーピーペンを使って描き足してください。
③箱の中にあるお花を、花瓶に移します。白い花瓶には、黄色い花を2本と、ピンク色の花を1本入れてください。黒い花瓶には、好きな色の花を2本入れてください。
④それではお花屋さんごっこを始めます。グループのお友だちと相談して、お店屋さん2人と、お客さん2人に別れてください。お店屋さんになった人は、エプロンをしてください。はじめは、自分たちのグループのお店から、お花を買ってください。2回目は、ほかのグループのお店から買ってもかまいません。先生が太鼓の合図をしたら、お店屋さんとお客さんを交代します。それでは、始めます。

〈時間〉　適宜

〈解答〉　省略

［2019年度出題］

学習のポイント

行動観察の課題では、４名ごとのグループに分かれ、共同制作（看板作り）と集団活動（お花屋さんごっこ）が行なわれました。この課題では、指示をよく聞いて活動することはもちろん、はじめて会うお友だちとどのようにコミュニケーションをとれるかが主に観られています。これを「一生懸命頑張る子」「自分から進んで行動する子」「みんなと力をあわせ協力する子」という、当校の創始者が提唱する「三綱領」に照らしてみると、どのような行動をとればよいかがわかりやすくなるでしょう。しかし、試験の場で作られたグループでは、ものごとを上手に進められる子が集まることもあれば、逆にそうでないこともあります。みんなと力を合わせると言っても、参加者１人ひとりに合わせた柔軟な対応をお子さまに要求することは難しいでしょう。抽象的なアドバイスをしても仕方ありませんから、例えば「みんながまごまごしている時は、『～を決めよう』と言おう」というように、具体的な行動パターンをいくつか理解させておくのがよいでしょう。

【おすすめ問題集】
Ｊｒ・ウォッチャー29「行動観察」

問題17　分野：数量（同数発見）

集中　観察

〈準 備〉　クーピーペン（水色）

〈問 題〉　１番上の段を見てください。左端の絵には、リンゴが１個とサクランボが２個あります。右の４つの絵の中から、この絵と同じように、リンゴが１個とサクランボが２個ある絵を探すと、右から２番目の絵になります。では同じように、それぞれの段の左の絵と、同じものが同じ数だけある絵を選んで、○をつけてください。終わったら、２枚目も同じようにすすめてください。

〈時 間〉　各20秒

〈解 答〉　①右から２番目　②左端　③右端　④左から２番目　⑤右から２番目
⑥右から２番目

［2018年度出題］

学習のポイント

同数発見の問題です。それぞれの種類のものに対して、それぞれ同じ数を見つけなければならない、少し難易度の高い問題です。この問題では、10以下の数を素早く数える計数の力が求められているだけでなく、効率よく答えを見つけるための思考力も要求されています。①では、ナスが１本とニンジンが３本、合わせて４本の野菜があります。数の少ないナスに注目すると、選択肢が２つに減り、ニンジンを数えるだけで正解が見つかります。このような考え方を、テクニックとして身に付けるのではなく、説明を聞いた時に気が付けるようになると、答えも見つけやすくなり、見直しをする余裕も生まれます。計数の力がある程度身に付いてきたら、「上手に答えを見つける方法」を、お子さまと一緒に考えるようにして、効率的な目配りを学ばせるのもよいでしょう。なお、一定時間考えてもよい方法が見つからない場合は、素直に数えた方がよいということも忘れないようにしてください。

【おすすめ問題集】
Ｊｒ・ウォッチャー36「同数発見」、37「選んで数える」

問題18　分野：図形（同図形発見）

観察　考え

〈準備〉　クーピーペン（水色）

〈問題〉　左端の絵と同じ絵を、右から選んで○をつけてください。

〈時間〉　各15秒

〈解答〉　①左から２番目　②右から２番目　③左端　④左から２番目

［2018年度出題］

学習のポイント

同図形発見の問題です。絵の向きが一定でないところが本問を難しくしていますが、与えられた図形の特徴をとらえ、そこから正解を探していきましょう。①の場合、左端の絵では旗の右上が白いので、その点に注目してほかの絵と比較すると、答えが簡単に見つかります。このように、図形分野の問題では、図形全体を見た上で、その図形の特徴的な部分に注目してください。ふだんから、「全体を見る」「特徴をとらえる」という点に注目して図形を見ることを意識するとよいでしょう。まず、「大体どんな形か」を聞き、次に「気になる部分はどこか」と問いかけていくと、自然に図形への目配りが身に付いてきます。お子さまの目の付けどころがよいと感じたら、しっかりと褒めてあげてください。

【おすすめ問題集】
Ｊｒ・ウォッチャー４「同図形探し」、46「回転図形」

問題19　分野：図形（展開）

観察　考え

〈準備〉　クーピーペン（水色）

〈問題〉　折り紙を左端のように折ってから、白い部分を切り取ります。その後、折り紙を開くと、どのような形になりますか。右の四角の中から選んで○をつけてください。２枚目も同じように答えてください。

〈時間〉　各15秒

〈解答〉　①左端　②右から２番目　③左から２番目　④右端
⑤右から２番目　⑥右端　⑦左から２番目　⑧左端

［2018年度出題］

展開の問題では、紙を開く前から、開いた後はどのように形が変化するのかをイメージできなければ回答することはできません。当校のように、四つ折り、三角折りした形が多く出題される場合には、お手本で見えている部分について、「紙を開いた時に、この形がどの位置にもう１つできるのか」ということを、経験からわかっておく必要があります。展開した時にどのような形になるかを絵に描き、次に実際に紙を開いた時、予想通りの形になった（あるいはならなかった）経験が理解につながっていきます。また、折り紙を切って、実際に確認をする際には、切りやすく、大きな折り紙を使うようにするとよいでしょう。

【おすすめ問題集】
Ｊｒ・ウォッチャー５「回転・展開」

問題20　分野：推理（聞き取り）

観察　聞く

〈準備〉　クーピーペン（水色）

〈問題〉　**この問題の絵は縦に使用してください。**
それぞれの段の絵を見て、次の質問に答えてください。
①１番上の段を見てください。真四角の中にぴったり○が書かれているものはどれですか。選んで○をつけてください。
②上から２番目の段を見てください。四角の真ん中に●があり、それを横に切ったものはどれですか。選んで○をつけてください。
③真ん中の段を見てください。○の中に△があり、その△を２つに分けた左側に四角があるものはどれですか。選んで○をつけてください。
④下から２番目の段を見てください。１番下に○があり、そのすぐ上に☆があるものはどれですか。選んで○をつけてください。
⑤１番下の段を見てください。部屋が８つ分かれています。黒い部分を、○と△がはさんでいるものはどれですか。選んで○をつけてください。

〈時間〉　各20秒

〈解答〉　①左端　②左から２番目　③右から２番目　④右から２番目　⑤左端

［2018年度出題］

学習のポイント

説明を聞き取って、その説明通りの形を探す問題です。まぎらわしい説明が多いため、最後までしっかりと聞き取る集中力と、聞き取った内容通りの形を選ぶ判断力が要求されています。本問の①では、説明の中で「真四角の中に」「ぴったり」という言葉が使われています。この部分について、１つひとつ言葉通りに確認をしていくと答えが見つかります。②以降も同様です。説明を聞き取る力は、入試だけでなく、進学後の学校生活においても必要な力です。聞き取る力を伸ばすためにも、ふだんの練習、日常生活に関わらず、お話や説明は、相手の方を向いてしっかりと聞くということを大切にしてください。

【おすすめ問題集】
Ｊｒ・ウォッチャー４「同図形探し」、20「見る記憶・聴く記憶」

問題21　分野：巧緻性（運筆）　集中

〈準備〉　クーピーペン（黒）、画用紙（１枚）

〈問題〉　（問題21の絵を渡す）
①お花の絵が描いてあります。点線で描かれた部分をなぞって、絵を完成させてください。
（画用紙を渡す）
②画用紙に果物の絵を描きます。「やめ」と言われるまで、できるだけたくさんの果物を描いてください。

〈時間〉　各３分

〈解答〉　省略

［2018年度出題］

学習のポイント

指示通りに点線をなぞる、運筆の課題です。出来栄えはもちろんですが、はみ出したり曲がったりせずに線を引く正確さも、観点の１つです。「お花」の部分は直線、曲線、ジグザグと、さまざまなパターンで構成されています。状況に合わせて手の動きを変えられるように、手を止めるところを決めて取り組んでください。一方、周りの部分では、長い直線を引かなければいけません。直線は一気に引いた方が、途中でゆがまずにきれいな線を描けます。線の形に合わせて描き方を変えられるように、さまざまな絵で練習をしてください。当校の運筆では、線なぞり以外にも、色の濃淡を塗り分けたり、たりない線を補ったりする課題が、過去には出題されています。難易度の高いものが多いので、お子さまと一緒に課題に取り組み、そこで気が付いた、上手に描くコツを、親子で練習していくという方法がよいでしょう。

【おすすめ問題集】
Ｊｒ・ウォッチャー23「切る・貼る・塗る」、51「運筆①」、52「運筆②」
実践 ゆびさきトレーニング①②③

問題22　分野：行動観察

聞く　協調

〈準備〉 リボン（3色程度）、画用紙（4～5枚）、シール（大きめのラベルに、お弁当のおかずを描いたもの、4種類程度）、スプーン（4本）、クルミ（30個）、袋（10枚）、ひも

〈問題〉 **この問題の絵はありません。**
※1グループ4人で行なう。
これからみなさんで「ピクニックごっこ」をします。
①今からみなさんに、リボンを渡します。同じ色のリボンを付けた人が、一緒にピクニックへ行くグループになります。
②グループごとに集まって、お弁当を作ります。画用紙におかずのシールをはって、みんなでおいしそうなお弁当を作ってください。
③クルミ公園に着きました。みんなで「クルミリレー」をします。向こうの木のところまで走り、木の回りをまわって戻ってきます。その時、手に持ったスプーンにクルミを載せて走ってください。ゴールしたら、次の人のスプーンにクルミを載せてください。
④最後にお土産を作ります。袋の中にクルミを3個ずつ入れて、ひもでしばってください。

〈時間〉 適宜

〈解答〉 省略

［2018年度出題］

学習のポイント

少人数の集団での行動観察の課題です。はじめて出会うお友だちが多い場面での様子や、課題に取り組む際の振る舞い方などが観られています。課題そのものは難しいものではありませんので、先生のお話を聞くこと、みんなと協力して取り組むことを心がけさせてください。当校では、創立者の提唱した「三綱領」に沿って、「一生懸命頑張る子」「自分から進んで行動する子」「みんなと力をあわせ協力する子」という目標を掲げています。そしてこれは、行動観察の観点とも自然に一致します。学校が提示する目標だからというわけではなく、小学生になるにあたっての心構えとして、繰り返し言葉にしておくとよいでしょう。

【おすすめ問題集】
Ｊｒ・ウォッチャー29「行動観察」

問題23　分野：推理（四方からの観察）

観察　考え

〈準備〉 クーピーペン（水色）

〈問題〉 動物たちが積み木を違うところから見ています。
①左の絵を見てください。ブタさんから見ると積み木はどのように見えますか。正しいものに○をつけてください。
②右の絵を見てください。ゾウさんから見ると積み木はどのように見えますか。正しいものに○をつけてください。

〈時間〉 2分

〈解答〉 ①左下　②右上

［2017年度出題］

学習のポイント

立体の四方からの見え方を考える問題は、小学校入試における頻出課題の１つです。その中でも本問は、難易度の高いものに分類されるでしょう。積み木や図形の問題で大切なのは、実際に試して自分の目で確かめることです。積み木の問題の答え合わせの際には、積み木やブロックを用意し、実際に同じ形を作って四方から観察してください。紙に描かれたもので考えるよりはわかりやすいはずです。また、日常の遊びの中に積み木遊びを取り入れることで、楽しみながら立体や図形の感覚を磨いていくとよいでしょう。こうした体験を重ねることで、本問のように絵に描かれた平面的なものでも立体として捉えることができるようになり、また１つの絵をもとに多方向からの見え方をイメージすることができるようになっていきます。

【おすすめ問題集】
Ｊｒ・ウォッチャー10「四方からの観察」、53「四方からの観察 積み木編」

問題24　分野：記憶（お話の記憶）

集中　聞く

〈準備〉　クーピーペン（黒・水色）

〈問題〉　これからお話をしますからよく聞いてください。

タヌキさんとウサギさんが、キツネさんのお誕生会に誘われました。タヌキさんは、フクロウさんを誘いました。タヌキさんは、おみやげにブドウを持って行くことにしました。キツネさんの家は、山の上の方です。タヌキさんとウサギさんは、バスに乗ってキツネさんの家に行くことにしました。バス停で待っていると、リスさんがドングリとマツボックリを拾って、巣の中に運んでいるのが見えました。タヌキさんは、「キツネさんのお誕生会に行こうよ」とリスさんを誘いました。でも、リスさんは、「行けないんだ。その代わりにドングリをキツネさんに持って行って」と言いました。タヌキさんとウサギさんは、バスに乗りました。キツネさんの家の近くのバス停が見えてきました。タヌキさんとウサギさんは、バスから降りて歩いて行きました。道の右側には、きれいなモミジの木がありました。モミジは赤色に色付いていました。ウサギさんは、それを拾っておみやげにすることにしました。少し歩いて行くと、フクロウさんがコスモスの花を持っているのが見えました。近づいてみると、フクロウさんはメガネをかけて、水玉模様のネクタイをつけていました。もう少し歩いて行くと、キツネさんの家に到着し、キツネさんが出迎えてくれました。

①誰の誕生日会でしたか。水色の○をつけてください。
②タヌキさんは何を持って行きましたか。黒い○をつけてください。
③リスさんがひろっていたものに水色の○をつけてください。
④ウサギさんがひろっていたものに黒い○をつけてください。
⑤フクロウさんがプレンゼントに持っていったものに、水色の○をつけてください。
⑥フクロウさんが身に付けていたものに黒い○をつけてください。
⑦お話の季節と同じ季節の絵に水色の○をつけてください。

〈時間〉　各20秒

〈解答〉　①右端（キツネ）　②左端（ブドウ）　③左端（ドングリとマツボックリ）
④左端（モミジ）　⑤左から２番目（コスモス）
⑥左から２番目（メガネと水玉模様のネクタイ）　⑦右上（秋・お月見）

［2017年度出題］

学習のポイント

時折出題される「お話の記憶」の問題ですが、この年も動物が多く登場するお話で、話自体はそれほど複雑ではないものの、細かい点に関する質問が多く出題されました。こうしたお話では、（出題されそうな）ポイントが多くなるので、ストーリーを暗記しようとするのではなく、場面を１つずつイメージしていく必要があります。一語一句漏らさずにお話を聞き取ろうとすると、かえって全体が把握できなくなり、混乱してしまうでしょう。本問のように登場人物や出来事の多い話では、さらにこの傾向が強くなります。混乱してしまうと、その後の質問にほとんど答えられなくなってしまうので、場面をいくつかイメージすることで全体を把握し、それから細部について思い出す方がよいということです。なお、⑦のお話の季節を聞く問題はここ数年続けて出題されています。

【おすすめ問題集】
１話５分の読み聞かせお話集①②、１話７分の読み聞かせお話集入試実践編①、
お話の記憶 初級編・中級編・上級編、Ｊｒ・ウォッチャー19「お話の記憶」、
34「季節」

問題25　分野：数量（ひき算）

観察　考え

〈準 備〉　クーピーペン（水色）

〈問 題〉　**この問題の絵は縦に使用してください。**
（問題25のイラストを渡して）
左右の絵の数を比べて、違う数だけ○を書いてください。

〈時 間〉　各30秒

〈解 答〉　①○：３　②○：４　③○：５　④○：５

［2017年度出題］

学習のポイント

引き算の問題です。左右の絵を見比べて、両方それぞれの数をかぞえて、数の多い方から少ない方の数を引く（取る）といった方法を、引き算として認識している場合は、そのまま計算するのがよいでしょう。しかし、そこまで数の処理が理解できていない場合は、少ない方の絵の数をかぞえて、多い方から消去する方法を用いて、答えを出すことができます。例えば①では、少ない方のドーナツが２個ですから、数の多い方のアメを２個消します。そして残ったアメの数をかぞえれば答えが出ます。小学校受験において、たし算とひき算ができることは必須ではありませんが、受験者の多くが習得したうえで試験に臨んでいます。20程度の数を正確にかぞえ、簡単な計算をできるようにしておくことは、後の学習にとても役立ちますので、積極的に練習の時間を作ることをおすすめします。

【おすすめ問題集】
Ｊｒ・ウォッチャー14「数える」、38「たし算・ひき算１」、
39「たし算・ひき算２」

問題26 分野：図形（重ね図形）

観察 考え

〈準備〉 クーピーペン（水色）

〈問題〉 左の四角の中にある、透明な紙に描かれた２枚の絵を重ねます。左側の絵をそのまま横にずらして右側の絵に重ねると、どのようになりますか。右の３つの中から選んで○をつけてください。

〈時間〉 各15秒

〈解答〉 ①真ん中　②左　③右　④左

［2017年度出題］

学習のポイント

図形の問題の練習は、実際に同じものを用意して、お子さまが自ら動かして確認しながら行うのが基本となります。問題演習の後の答えの確認も、保護者の方が○×を付けて一方的に解説するのではなく、できるだけお子さまと一緒に行うようにしてください。お子さま自身の目で確かめながら、どこが間違っていたのか、どうすればよかったのかを考えることで、理解が早まります。本問のような重ね図形の練習には、クリアファイルとホワイトボード用のペンを用いるとよいでしょう。重ねる図形（本問①②では見本の左側）の上にクリアファイルを置いてペンでなぞり、それをもう一方の図形（同・右側）の上に重ねれば、それがそのまま答えとなります。また、正解以外の選択肢も活用しましょう。その図形を作るためにはクリアファイルにどのような図形を描けばよいかなどを考えることで、お子さまの図形に対する感覚を訓練することになります。

【おすすめ問題集】

Ｊｒ・ウォッチャー35「重ね図形」

問題27 分野：巧緻性（運筆）

集中 観察

〈準備〉 クーピーペン（黒）

〈問題〉 （問題27の絵を渡して）
左側の四角にお花の絵が描いてあります。右側の四角に描かれた絵がおなじになるように線を引いたり、塗ったりしてください。

〈時間〉 ２分

〈解答〉 省略

［2017年度出題］

学習のポイント

巧緻性を見る問題として運筆はよく出題されます。見本を見ながら線を引く時、過度に緊張しているとペンをなめらかに運べずに曲がってしまったり、点線とは違うところにペンが行ってしまいます。落ち着いて、緊張せずに線を引くには日頃の練習が大切です。特に曲線や斜めの線は保護者が思っている以上に書きづらく、苦手なお子さまが多いので、しっかりと練習しておきましょう。また、色の濃淡を塗り分ける課題は、近年、当校でよく出題される課題です。慣れていないと難しい作業ですから、試験前に１度は経験してください。具体的なコツとしては、１番最初に濃い色を塗ってペン先を丸くしておくことです。薄く塗る部分もうまく塗れますし、ハミ出してしまうことも少なくなります。

【おすすめ問題集】
　Ｊｒ・ウォッチャー２「座標」、23「切る・貼る・塗る」
　実践 ゆびさきトレーニング①②③

問題28　分野：行動観察（指示行動・制作）

協調　聞く

〈準 備〉　ビーズ（適宜）、ペットボトル、シール、丸テーブル、座布団、スカート、ハイビスカスの首飾り（各人数分）

〈問 題〉　**この問題は絵はありません。**
＊１グループ４人で行う。グループは丸テーブルの周りに置かれた座布団の上に正座して待機する。

これからみなさんに「マラカス」を作ってもらい、その後、紙コップをお友だちと相談しながら積み上げてもらいます。

①教室の前にある木の箱から、ペットボトル、ビーズ、シールを取り、自分の席に戻ってください。
②ペットボトルの線の引いてあるところまでビーズを入れ、フタをしたら、ペットボトルにシールを貼ってください。これで「マラカス」の完成です。
③それを持って立ってください。
④先生が太鼓を２回叩いたら、近くのお友だちと「マラカス」を交換してください。３回叩いたら、４人組になって、手をつないで座ってください。４回叩いたら、「マラカス」をテーブル置いて座ってください（順不同で太鼓を叩き、３分ほど行なう）。
⑤最後にハイビスカスの首飾りを付けてください。「アロハ」の音楽が流れますから、それに合わせて、「マラカス」を持って自由に踊ってください。

〈時 間〉　適宜

〈解 答〉　省略

［2017年度出題］

学習のポイント

当校の制作・行動観察の問題は指示が複雑ですから、まずは指示を理解することに集中しましょう。よくわからずに行動してしまうよりは、進行を止めてでも質問した方がかえって印象は良いかもしれません。ここでは、指示を理解しているかどうかと集団で行動する時の様子が観点です。この２つは当校の入試全体を通じてのテーマですから、保護者の方は、お子さまにもわかる言い方で、どのように行動するべきなのかを伝えるようにしてください。なお、制作問題としては特に注意すべきことはありません。個人差が出るようなものではないだけに、指示通りに作業することに集中してください。

【おすすめ問題集】
Ｊｒ・ウォッチャー29「行動観察」、新 ノンペーパーテスト問題集

問題29　分野：巧緻性（なぞる・塗る・切る）

聞く　集中

〈準備〉　クーピーペン（12色）・ハサミ

〈問題〉　お家の絵を好きな色のクーピーペンで塗りましょう。塗り終わったらお家の外側の点線を黒のクーピーペンでなぞりましょう。最後に、１番外側の太い線に沿って、ハサミで切り抜きましょう。

〈時間〉　10分

〈解答〉　省略

［2017年度出題］

学習のポイント

巧緻性の力は、一朝一夕には身に付きません。毎日積み重ねることで少しずつ力が付いてくる分野の１つです。この問題では塗ること、なぞること、切ることが求められています。ただ「塗る」「なぞる」「切る」だけでなく、できるだけていねいに行うようにしましょう。広い面をクーピーペンや色鉛筆できれいに塗るためには、ゴリゴリと力を入れて塗るのではなく、軽く握ってペン先を滑らせるようにして、薄く塗るようにするとよいでしょう。全体を薄く塗ったら、好きな濃さになるまで塗り足していきましょう。ハサミを使うコツは、先端部分ではなく根本付近を使うこと、ハサミの位置は動かさずに紙の方を回していくことです。先端では切ることの難しい厚紙で練習することで、この切り方に慣れておくとよいでしょう。重要なのは、お子さまの主張を曲げてまで、やり方を無理に教え込まないようにすることです。年齢相応の巧緻性が身に付いていれば十分で、本問のような課題で観られるのは、指示を守っているか、ていねいに作業をしたか、といったことです。

【おすすめ問題集】
実践 ゆびさきトレーニング①②③、Ｊｒ・ウォッチャー23「切る・貼る・塗る」

問題30　分野：数量（たし算・ひき算）

観察　考え

〈準 備〉　鉛筆

〈問 題〉　**この問題の絵は縦に使用してください。**
（問題30－1の絵を渡す）
タヌキとキツネがそれぞれドングリを持っています。タヌキとキツネが持っているドングリを合わせるといくつになりますか。その数だけ○を書いてください。

（問題30－2の絵を渡す）
タヌキとキツネが持っているドングリを全部合わせると、真ん中のドングリの数になります。それぞれの段では、片方の持っているドングリの数がわかります。見えていないドングリはいくつですか。その数の○を書いてください。

〈時 間〉　1分

〈解 答〉　①○：2　②○：4　③○：5　④○：10　⑤○：10
⑥○：1　⑦○：3　⑧○：3　⑨○：4　⑩○：7

［2016年度出題］

学習のポイント

当校の数量分野の問題では、数の増減に関する問題が多く出題されています。小学校受験に臨むお子さまの基本的な準備として、10程度の数を素早くかぞえたり、簡単なたし算、ひき算をできるようにしておくとよいでしょう。その際には、数の概念理解と、正確さを重視するようにしてください。計算がまだ不安なお子さまは、まずは数をしっかりと数えることから始めましょう。

【おすすめ問題集】
Ｊｒ・ウォッチャー14「数える」、38「たし算・ひき算1」、「たし算・ひき算2」

問題31　分野：図形（点・線図形）

観察　集中

〈準 備〉　鉛筆

〈問 題〉　**この問題の絵は縦に使用してください。**
問題の絵を見てください。それぞれの段の左側のお手本を見て、同じように右側に書きましょう。

〈時 間〉　各1分

〈解 答〉　省略

［2016年度出題］

学習のポイント

点・線図形の問題では、きれいに線を引く力が要求されています。線の長さや方向によって、線を引く難易度が変わりますので、どんな線でもスムーズに引けるように練習をしてください。縦や横の短い線からはじめ、長い線、斜めの線へと進めていくとよいでしょう。同じ斜めでも「右上から左下へ」「左上から右下へ」「２マス右の１マス上」といったようにさまざまなパターンがありますので、目標を決めて練習をしてください。また、線の始点を決める際には、座標を捉える力も求められますが、それと同時に「描きやすいところから始める」ことも、スムーズに線を引くためのポイントです。これらの点を意識しながら、練習問題に取り組んでください。

【おすすめ問題集】
　Ｊｒ・ウォッチャー１「点・線図形」

問題32　分野：比較（シーソー）

観察　考え

〈準 備〉　鉛筆

〈問 題〉　**この問題の絵は縦に使用してください。**
（問題32－１、32－２の絵を渡す）
１枚目の☆の四角を見てください。上のシーソーの絵を見て、この中で１番重いものを、下の四角の中から１つ選んで○をつけると、答えは絵の通りになります。では、二枚目の絵を見て、練習と同じようにそれぞれの四角で１番重いものに○をつけてください。間違えたときは×をつけて、正しいものに○をつけてください。

〈時 間〉　30秒

〈解 答〉　①○：カバ　②○：リンゴ　③○：ハサミ　④○：ウサギ

［2016年度出題］

学習のポイント

重さの比較をするシーソーの問題では、１番重いものに注目することが基本です。どのシーソーを見ても、１番重いものは常に下がっている方にあります。例題の場合、上のシーソーではカサの方が、下のシーソーではランドセルの方が下がっています。しかし、下のシーソーではカサは上にあがっているので、１番重いものはランドセルだとわかります。シーソーの数が増えても、この考え方は変わりませんので、「シーソーの問題では、１番重たいものは、いつも下がっている」と、言葉にしておくとよいでしょう。その上で、しっかりと理解できるように練習を繰り返してください。

【おすすめ問題集】
　Ｊｒ・ウォッチャー33「シーソー」

問題33　分野：記憶（お話の記憶）

集中 聞く

〈準備〉　クーピーペン（水色）

〈問題〉　**この問題の絵は縦に使用してください。**

これからお話をしますからよく聞いてください。
キツネくんとタヌキくんは、ウサギさんの家にバーベキューに行くことになりました。ウサギさんの家は、湖のほとりの、木が１本生えているところにある、煙突のあるお家です。２人が出かけてすぐの場所に、小さな池がありました。そこではクマくんが１人で魚釣りをしていました。「皆どこに行くの」「ウサギさんの家にバーベキューに行くんだよ。クマくんも一緒に行かないかい」「行く行く」と答えたクマくんも、一緒に行くことになりました。池を出発して少し歩くと、鮮やかな赤い色の葉っぱをした、イチョウやカエデの木がある原っぱに出ました。「うわぁ、きれい」キツネくんとタヌキくんは、その木のそばに駆け寄りました。キツネくんが「落ち葉をブローチにしてウサギさんへのプレゼントにしよう」と言いました。「そうしよう」とタヌキくんが答えました。しばらくしてクマくんが、「ぼく疲れちゃったよ。少しだけ休みたいな」と言って木の切り株に座りました。すると、「重いよ～」とそのおしりの下から声がします。「つぶれちゃうよ～」と文句を言いながら、ネズミさんがクマくんのおしりの下から出てきました。「皆どこに行くの」とネズミさんが聞きました。「ウサギさんの家にバーベキューに行くんだよ。ネズミさんも一緒に行かないかい」とキツネくんが言いました。「今からドングリを拾わないといけないから、行きたいけど行けないな…」とネズミさんは言いました。「残念だね」とクマさんが言いました。「そうだ、ウサギさんにこれを持って行ってよ」とネズミさんはポケットからサツマイモを出してキツネんくんに渡しました。一休みして元気になったクマくんを先頭に、今度は歌を歌いながらウサギさんの家まで歩きました。湖に着くとウサギさんが、「やあ、みんなよく来たね。たくさん食べてね」とみんなを迎えてくれました。キツネくんは「これ、ネズミさんからのプレゼントだよ」と言ってサツマイモを渡しました。タヌキ君は「これは、ぼくたちからだよ」と言ってイチョウとカエデの葉っぱでできたブローチを渡しました。クマくんは釣った魚をあわててカゴから取り出して、「これも一緒に食べよう」と言いました。

①ウサギさんの家はどのようなところにありますか。○をつけてください。
②キツネくんはウサギさんの家に、誰と行きましたか。○をつけてください。
③魚を釣っていたのは誰ですか。○をつけてください。
④キツネくんとタヌキくんのウサギさんへのプレゼントは何でしたか。○をつけてください。
⑤このお話と同じ季節に咲く花の絵に、○をつけてください。また、その絵を選んだ理由を言ってください。
⑥みんなと一緒にウサギさんの家にいけなかったのは誰ですか。○をつけてください。
⑦原っぱにあったものに、○をつけてください。
⑧クマくんが最後に渡したものは何でしたか。○をつけてください。

〈時間〉　各20秒

〈解答〉　①左端（湖のほとりの煙突のある家）　②タヌキ・クマ　③クマ
④左端（イチョウとカエデのブローチ）　⑤キク・コスモス（秋の花）
⑥ネズミ　⑦左から２番目（切り株）　⑧魚

［2016年度出題］

学習のポイント

お話の記憶はこの入試までは毎年出題されていましたが、最近では出題される年とそうではないわに分かれています。その問題の特徴は、お話が比較的長いこと、問題数が多いこと、季節などの常識の問題も出題されるということなどが挙げられます。このような問題では、ストーリーだけではなく細部まで覚える必要があります。話を途中でやめポイントを覚えるように促す、話を聞き終わったお子さまに質問させてみるといった工夫をするのもよいですが、入試ではできないことです。やはり、お話の場面をイメージさせ、そこでストーリーと細かな表現をリンクさせて覚えていくのが、効率がよいでしょう。難しいことではなく、お話を聞きながすのではなく、「キツネとタヌキが、ウサギのパーティーに行く」という様子を実際に思い浮かべるのです。無理なく、細かな表現もそこに取り入れることもできます。

【おすすめ問題集】

１話５分の読み聞かせお話集①②、１話７分の読み聞かせお話集入試実践編①、お話の記憶 初級編・中級編・上級編、Ｊｒ・ウォッチャー19「お話の記憶」、34「季節」

問題34　分野：巧緻性（運筆）

集中　聞く

〈準備〉　クーピーペン（黒）

〈問題〉　①（問題34の絵を渡して）
左側に靴下の絵が描いてあります。上の見本の靴下と同じように、濃い色・やや濃い色・薄い色に分けて右側の靴下を塗ってください。
②リスの絵が描いてあります。点線で描かれた部分をなぞって、絵を完成させてください。

〈時間〉　40秒

〈解答〉　省略

［2016年度出題］

学習のポイント

①の色の濃淡を塗り分けること、はみ出さずに塗ること、濃淡を１つの色で表現することに加え、色を塗る場所を正しく把握することが必要なので、難易度はかなり高いと言えるでしょう。塗り方としては、１番最初濃い色を塗ってペン先をつぶして面を作っておくと、薄く塗る時に表現しやすくなります。また、塗る位置を間違えないためには、塗ろうとしている対象の部分を空いている手の指で押さえるようにするとよいでしょう。②は①に比べると比較的やさしい課題と言えるでしょうが、それだけに雑にならないようていねいに仕上げたいところです。また、点線からはみ出さず、しっかりクーピーペンを動かせるよう日頃から訓練しておきましょう。

【おすすめ問題集】

Ｊｒ・ウォッチャー23「切る・貼る・塗る」、実践 ゆびさきトレーニング①②③

問題35　分野：行動観察（指示行動）

協調　聞く

〈準　備〉　エプロン、ブレスレット、木製の箱、紙コップ（20個程度）

〈問　題〉　この問題は絵はありません。
＊1グループ4人で行います。
これからみなさんに「お姫さま」になってもらい、その後、紙コップをお友だちと相談しながら積み上げてもらいます。
①教室の前にある木の箱から、エプロンとブレスレットを取り、身に付けてください。
②付け終わった人は自分の席に戻ってください。
③全員が付け終わったら、紙コップをもらってください。
④グループで協力してコップをできるだけ高く積み上げてください。できあがったら手をあげて、「できました」と言ってください。
⑤最後につけているエプロンとブレスレットを元の箱に戻して終了です。

〈時　間〉　適宜

〈解　答〉　省略

［2016年度出題］

学習のポイント

先生のお話をよく聞き、理解して行動できるか、皆と協力して1つのことを成し遂げることができるかを観察するための問題です。最近の子どもたちは、室内で1人で遊ぶことが多く、お友だちと遊ぶことや協力して何かをする経験が減ってきていると言われています。ふだんの生活の中でお友だちと遊ぶ機会を多く設ける、協力して何かを成し遂げる訓練をしておくことが大切です。また、自分の遊び道具の片付けや、服をたたむことなどを日常の中で習慣付け、1つひとつの作業をていねいに行うことを身に付けさせていきましょう。お友だちとの遊びやご家庭での生活を通じ、協調性・社会性・集中力を身に付けていってください。

【おすすめ問題集】
Ｊｒ・ウォッチャー29「行動観察」

問題36　分野：図形（構成）

観察

〈準　備〉　クーピーペン（水色）

〈問　題〉　左の見本の図形を作るのに必要な形を、右の四角の中から選んで、○をつけてください。1枚目ができたら2枚目も同じようにやりましょう。

〈時　間〉　各30秒

〈解　答〉　下図参照

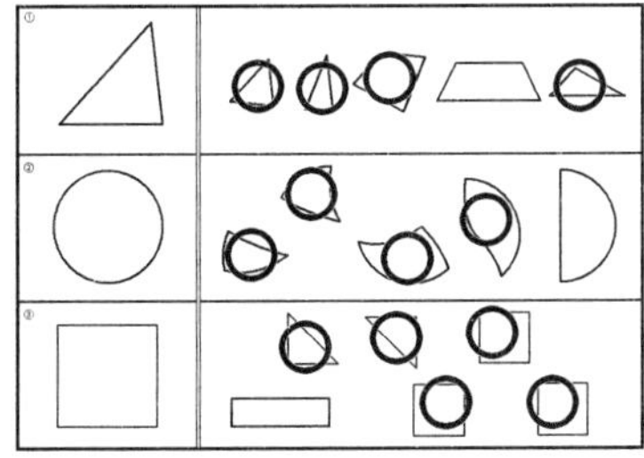
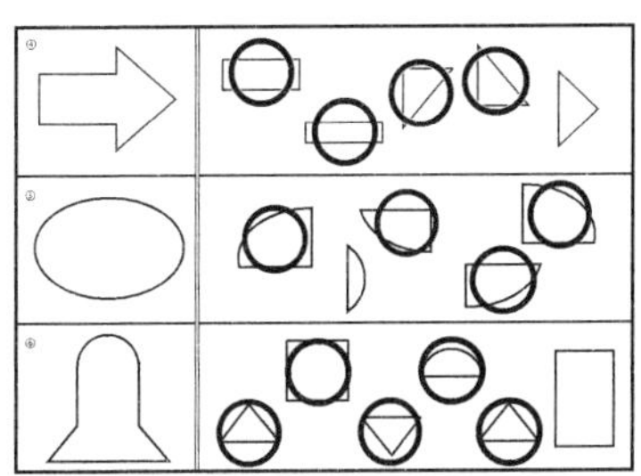

［2015年度出題］

図形の構成の問題です。それぞれの図形の分け方が一定ではないので、パターン化して解くことができません。図形分割の問題では、注目する点をあらかじめ決めておくと、答えが見つけやすくなります。一般的なのは、図形を再構成（１つの形にする）時は、大きな図形や特徴的な図形を先に配置し、そのあとで他の部分を考える方法でしょう。例えば本問①の場合、右から２番目の台形の置き場所を先に考えます。そうすると、ピッタリの場所が見つけられません。そこからこの図形は、ほかの形を集めて作られていることが予想できます。②の場合、右端の半円から考えてもよいですし、左端の形の上下のカーブにピッタリ合う形を探すことから始めてもよいでしょう。考え方は特に決まっているものではないので、お子さまの習熟度に合わせて考えやすい方法を見つけてあげてください。

【おすすめ問題集】
Ｊｒ・ウォッチャー45「図形分割」、54「図形の構成」

問題37　分野：図形（パズル）

観察　考え

〈準備〉　クーピーペン（水色）

〈問題〉　左の絵の黒く塗りつぶした部分にあてはまる絵は、右の四角の絵のうちどれですか。正しいものに○をつけてください。２枚の絵、４つすべてやりましょう。

〈時間〉　１分

〈解答〉　下図参照

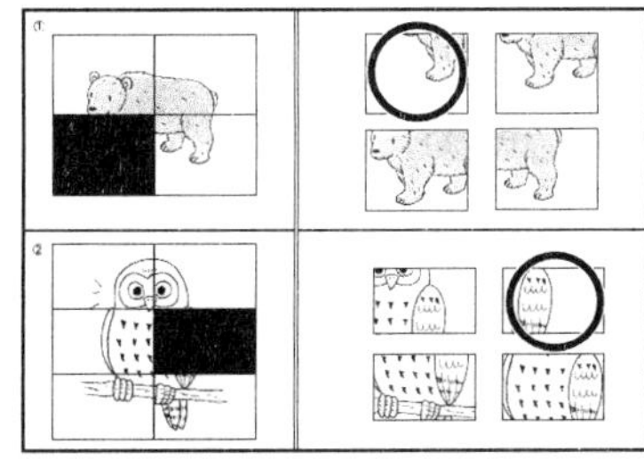
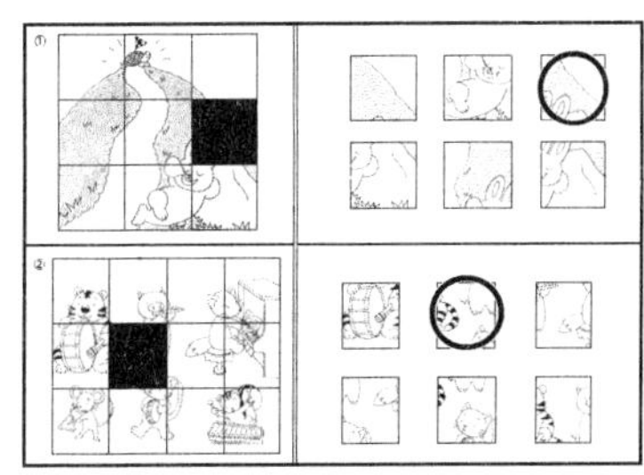

［2015年度出題］

学習のポイント

パズルは、いくつかのピースを組み合わせて絵を完成させるものです。この問題では、塗りつぶされた部分が、どのような絵柄かをイメージして、それに合ったものを当てはめる必要があります。①②の問題はピースが少なく直感的にわかりますが、③④のようにピースの数が多くなってくると、混乱してくるかもしれません。絵柄も似ていて、微妙な位置のずれしかない選択肢がありますので、何となく似た絵柄のものを選んでも正解とは限りません。形や模様は注意深く観察しましょう。また、四隅の絵柄の位置もしっかりと確認するクセを付けておくと間違いがなくなります。

【おすすめ問題集】
Ｊｒ・ウォッチャー３「パズル」、59「欠所補完」

問題38　分野：数量（同数発見）

観察　考え

〈準 備〉　クーピーペン（水色）

〈問 題〉　**この問題の絵は縦に使用してください。**
左の四角と星の数が同じものを右の四角の中から見つけて、○をつけてください。２枚ともやってください。

〈時 間〉　各30秒

〈解 答〉　下図参照

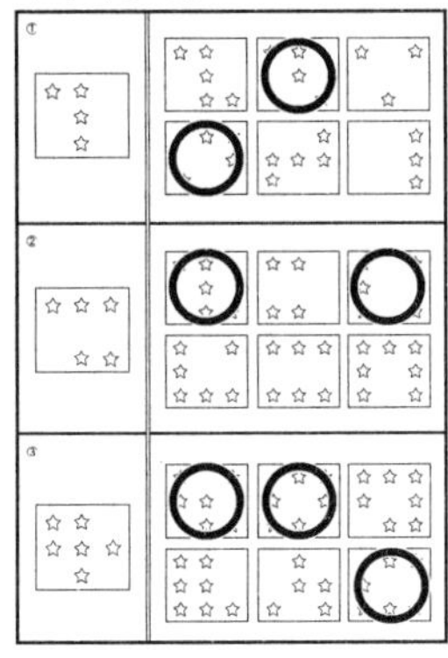

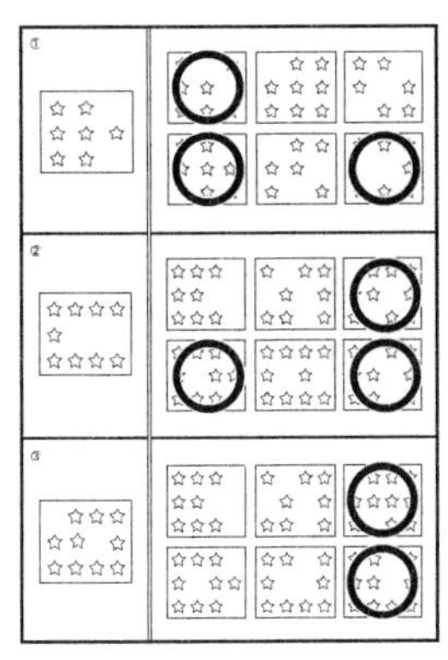

［2015年度出題］

学習のポイント

数をかぞえて同じ数の☆がある四角を見つける同数発見の問題です。まずは数を数えることに慣れることが大切です。慣れるまでの練習方法として、かぞえ終わったものに鉛筆で印を付けていくとよいでしょう。かぞえていく際には、「左上から始めて右へとかぞえていく」「右上から始めて下へ」などと自分なりにルールを決め、絵の中のすべてのエリアを確実に見ていくようにしましょう。本問では、対象が整然と並んでいるため、かぞえ忘れや重複は起こりにくいですが、ランダムに並んでいる場合には注意が必要です。練習を重ねながら、数の概念を定着させていってください。今回の問題では、解答がいくつあるかの指示がありません。答えが１つ見つかったからといって次の問題に進んでしまうと、解答もれが発生するので注意が必要です。

【おすすめ問題集】
Ｊｒ・ウォッチャー36「同数発見」

問題39　分野：運筆

集中

〈準備〉　クーピーペン（水色）

〈問題〉　**この問題の絵は縦に使用してください。**
問題39のクマの絵の周りに太い線があります。その内側を点線で1周しましょう。いま書いた点線と外の太線の間に、また点線を書いてください。点線同士や、周りの線にもくっつかないように書いてください。

〈時間〉　4分

〈解答〉　下図参照

［2015年度出題］

学習のポイント

毎年同じような出題の当校入試でも同じ問題はそうそう出ません。試験に臨む側としては、先入観を持たずに対策をして、出題された問題に対応できるような学力（能力）をつけておくべきです。この課題は運筆ですが、例年の濃淡をつけて絵を塗るものではありません。クマの絵と外側の太い線との間に点線を引いたあとで、さらにもう１本点線を引くように指示が出されます。「点線」ということを除けば、オーソドックスな運筆の課題と言えるでしょう。ただし、「２本目の線を引く」というよう作業がある点には注意。最初の線からていねいに線を引いておかないと、次の線を引く時の邪魔になります。

【おすすめ問題集】
Ｊｒ・ウォッチャー51「運筆①」、52「運筆②」

問題40　分野：巧緻性

観察　集中

〈準備〉　４色のストロー各３本（計12本）、４色のモール各1本（計４本）を用意する。

〈問題〉　（問題40の絵を見せて）
見本のように同じ色のストローのななめの部分を上にして３本束ねて、同じ色のモールで結びましょう。４色それぞれ作ってください。

〈時間〉　２分

〈解答〉　省略

［2015年度出題］

学習のポイント

当校の巧緻性を観る問題では、基本的にそれほど複雑なものは作りませんので、指先の器用さを観るための問題とはとらえないでください。１番大切なのは、指示通りの行動ができるかということです。人の話をよく聞き、それを正しい方法で行えるかは、今後の学校の授業においても必須の能力です。指示を聞き間違えたりすると、その能力がないと判断されてしまうかもしれません。この問題では、ストローのななめの部分を上に揃えていなかったり、ストローとモールの色がバラバラであったりすると、指示を聞いていないと思われるかもしれません。誤解されないように、指示を理解してから作業するという、順序を守った行動をするようにしてください。

【おすすめ問題集】

実践 ゆびさきトレーニング①②③

日本女子大学附属豊明小学校　専用注文書

年　月　日

合格のための問題集ベスト・セレクション

＊入試頻出分野ベスト３

1st 数量
集中力　観察力　正確さ

2nd 巧緻性
集中力　聞く力

3rd 図形
観察力　聞く力　思考力

数量分野では、数える回数が多く、徐々に難しくなる問題に短時間で答えるため反復練習が必要です。巧緻性では、色の濃淡の塗り分けなどなどの練習をしましょう。推理分野の出題が目立ちます。

分野	書　名	価格(税抜)	注文	分野	書　名	価格(税抜)	注文
図形	Ｊｒ・ウォッチャー 1「点・線図形」	1,500 円	冊	図形	Ｊｒ・ウォッチャー 35「重ね図形」	1,500 円	冊
図形	Ｊｒ・ウォッチャー 4「同図形探し」	1,500 円	冊	数量	Ｊｒ・ウォッチャー 36「同数発見」	1,500 円	冊
図形	Ｊｒ・ウォッチャー 10「四方からの観察」	1,500 円	冊	数量	Ｊｒ・ウォッチャー 37「選んで数える」	1,500 円	冊
数量	Ｊｒ・ウォッチャー 14「数える」	1,500 円	冊	数量	Ｊｒ・ウォッチャー 38「たし算・ひき算 1」	1,500 円	冊
数量	Ｊｒ・ウォッチャー 16「積み木」	1,500 円	冊	数量	Ｊｒ・ウォッチャー 39「たし算・ひき算 2」	1,500 円	冊
記憶	Ｊｒ・ウォッチャー 20「見る記憶・聴く記憶」	1,500 円	冊	図形	Ｊｒ・ウォッチャー 46「回転図形」	1,500 円	冊
巧緻性	Ｊｒ・ウォッチャー 22「想像画」	1,500 円	冊	推理	Ｊｒ・ウォッチャー 47「座標の移動」	1,500 円	冊
巧緻性	Ｊｒ・ウォッチャー 23「切る・貼る・塗る」	1,500 円	冊	巧緻性	Ｊｒ・ウォッチャー 51「運筆①」	1,500 円	冊
巧緻性	Ｊｒ・ウォッチャー 24「絵画」	1,500 円	冊	巧緻性	Ｊｒ・ウォッチャー 52「運筆②」	1,500 円	冊
観察	Ｊｒ・ウォッチャー 29「行動観察」	1,500 円	冊	推理	Ｊｒ・ウォッチャー 53「四方からの観察　積み木編」	1,500 円	冊
推理	Ｊｒ・ウォッチャー 31「推理思考」	1,500 円	冊		実践 ゆびさきトレーニング①②③	2,500 円	各　冊
推理	Ｊｒ・ウォッチャー 33「シーソー」	1,500 円	冊		面接テスト問題集	2,000 円	冊
常識	Ｊｒ・ウォッチャー 34「季節」	1,500 円	冊		1話5分の読み聞かせお話集①②	1,800 円	各　冊

合計	冊	円

(フリガナ) 氏　名	電　話 ＦＡＸ E-mail
住所　〒　　－	以前にご注文されたことはございますか。 有　・　無

★お近くの書店、または記載の電話・FAX・ホームページにてご注文をお受けしております。
電話：03-5261-8951　FAX：03-5261-8953　代金は書籍合計金額＋送料がかかります。
※なお、落丁・乱丁以外の理由による商品の返品・交換には応じかねます。

★ご記入頂いた個人に関する情報は、当社にて厳重に管理致します。なお、ご購入の商品発送の他に、当社発行の書籍案内、書籍に関する調査に使用させて頂く場合がございますので、予めご了承ください。

日本学習図書株式会社
http://www.nichigaku.jp

問題 1

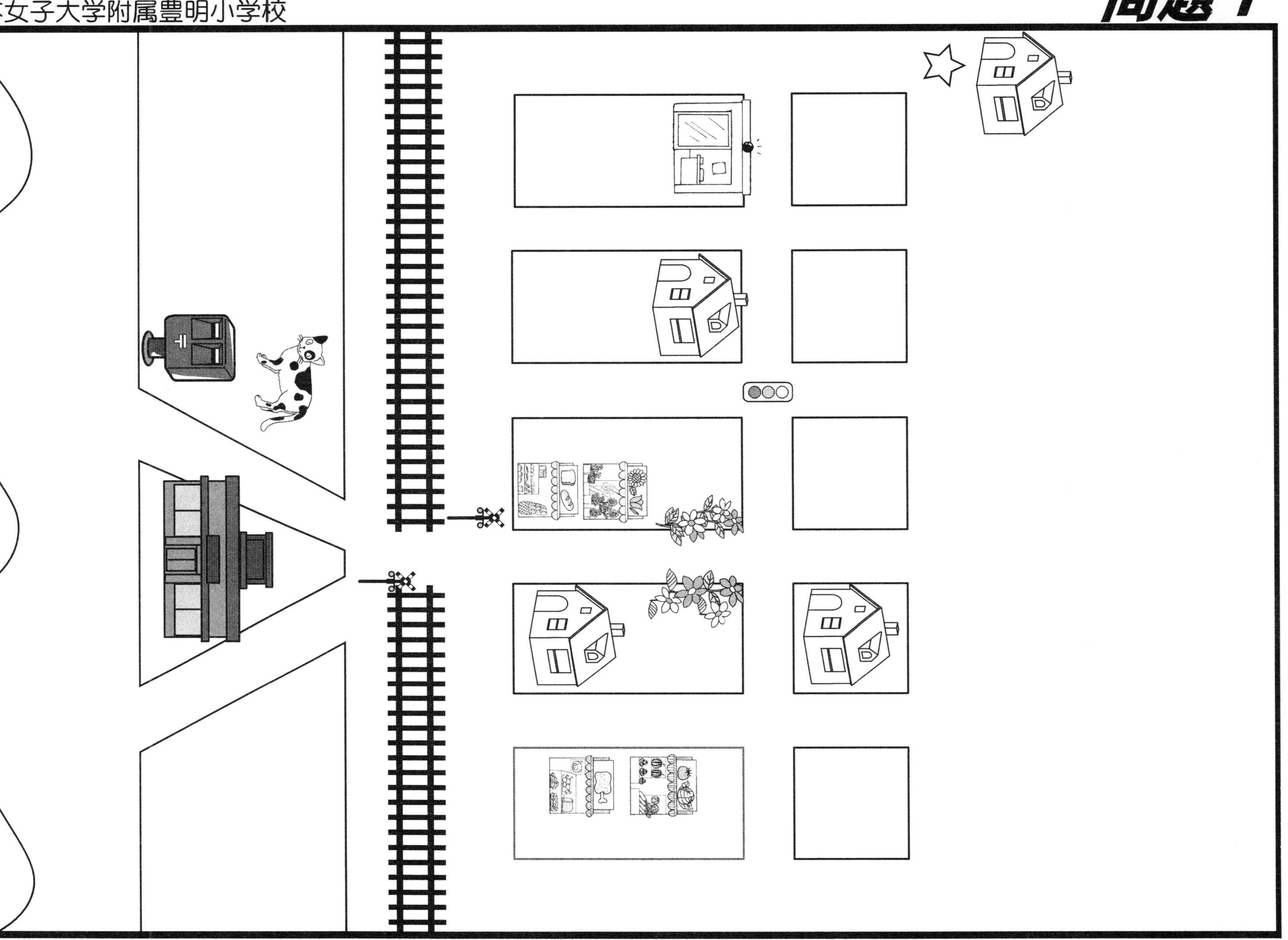

日本学習図書株式会社

問題2－1

①

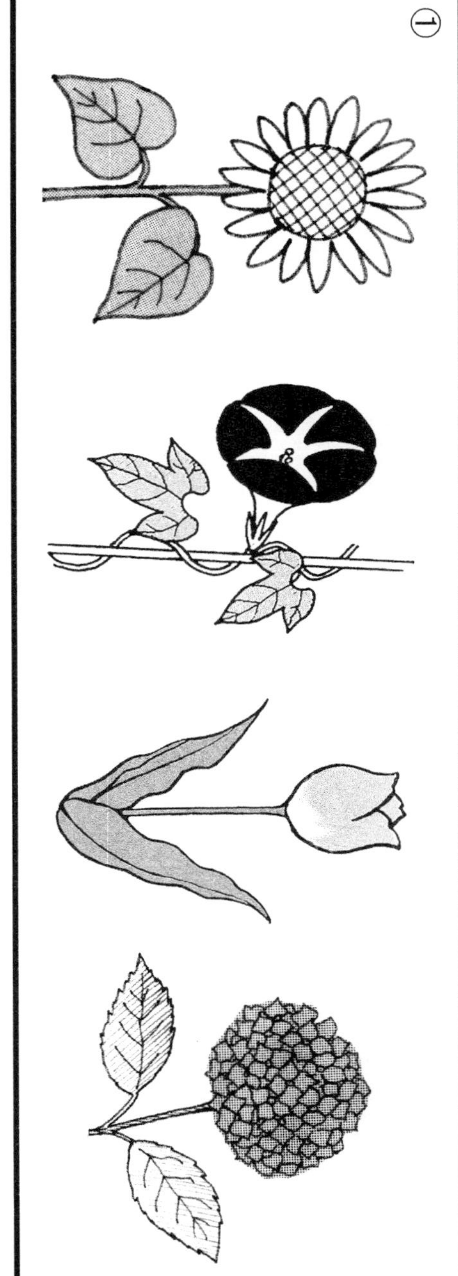

②

③

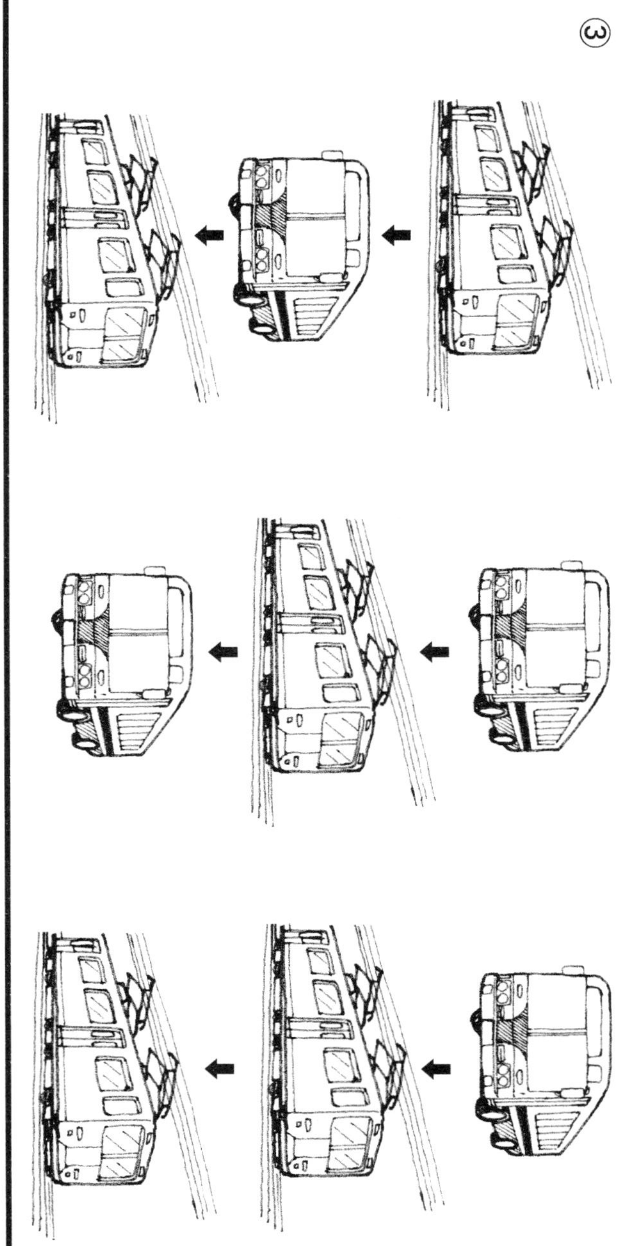

④

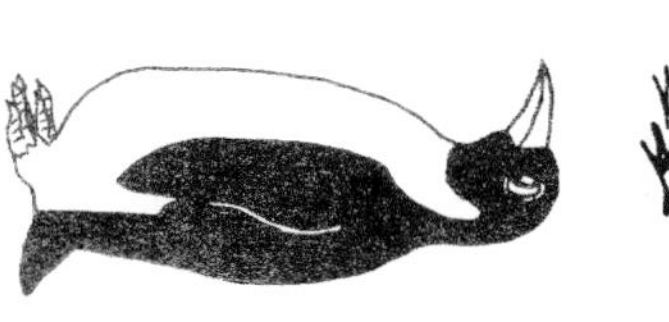

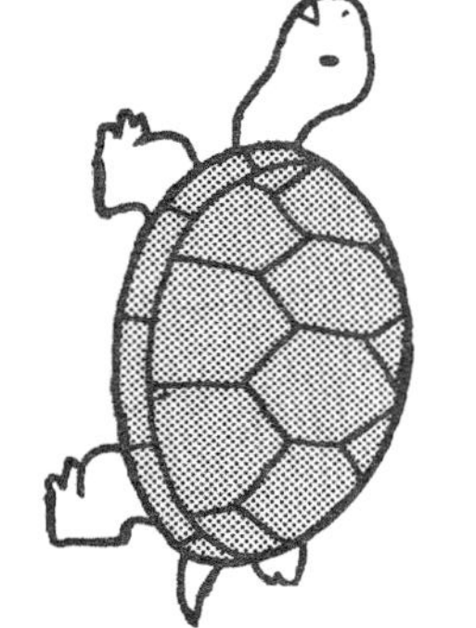

日本学習図書株式会社

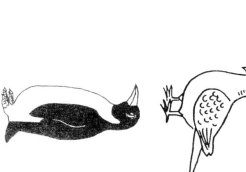

問題2－2

⑤

⑥

⑦

⑧

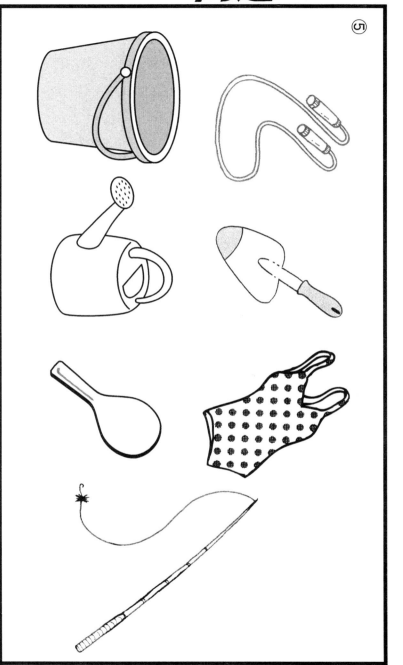

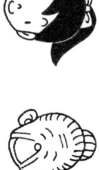

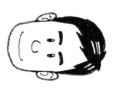

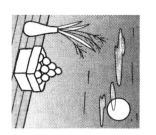

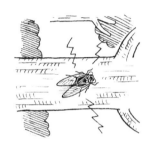

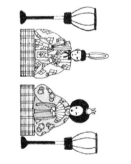

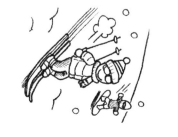

問題３－１

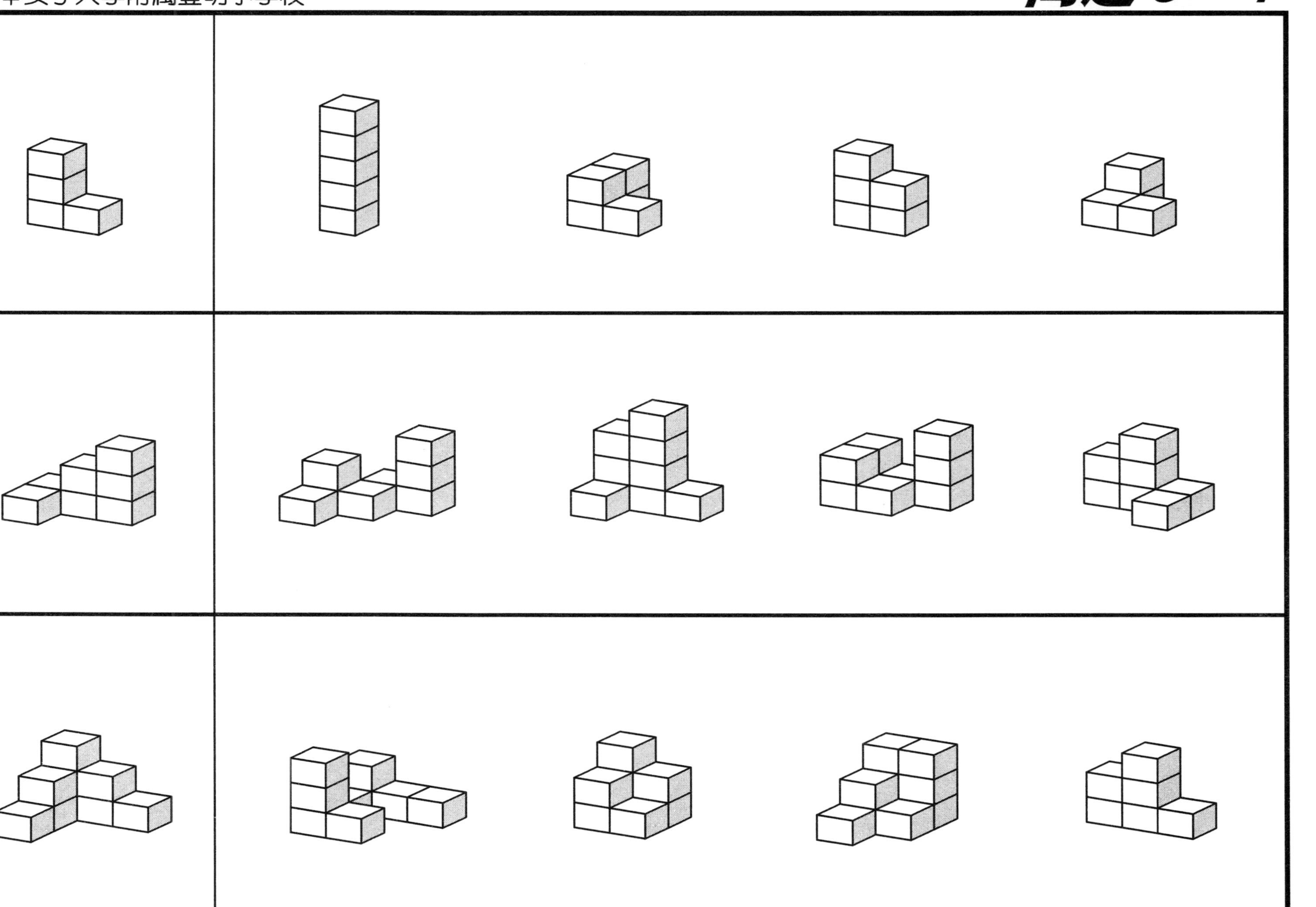

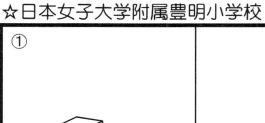

問題３－２

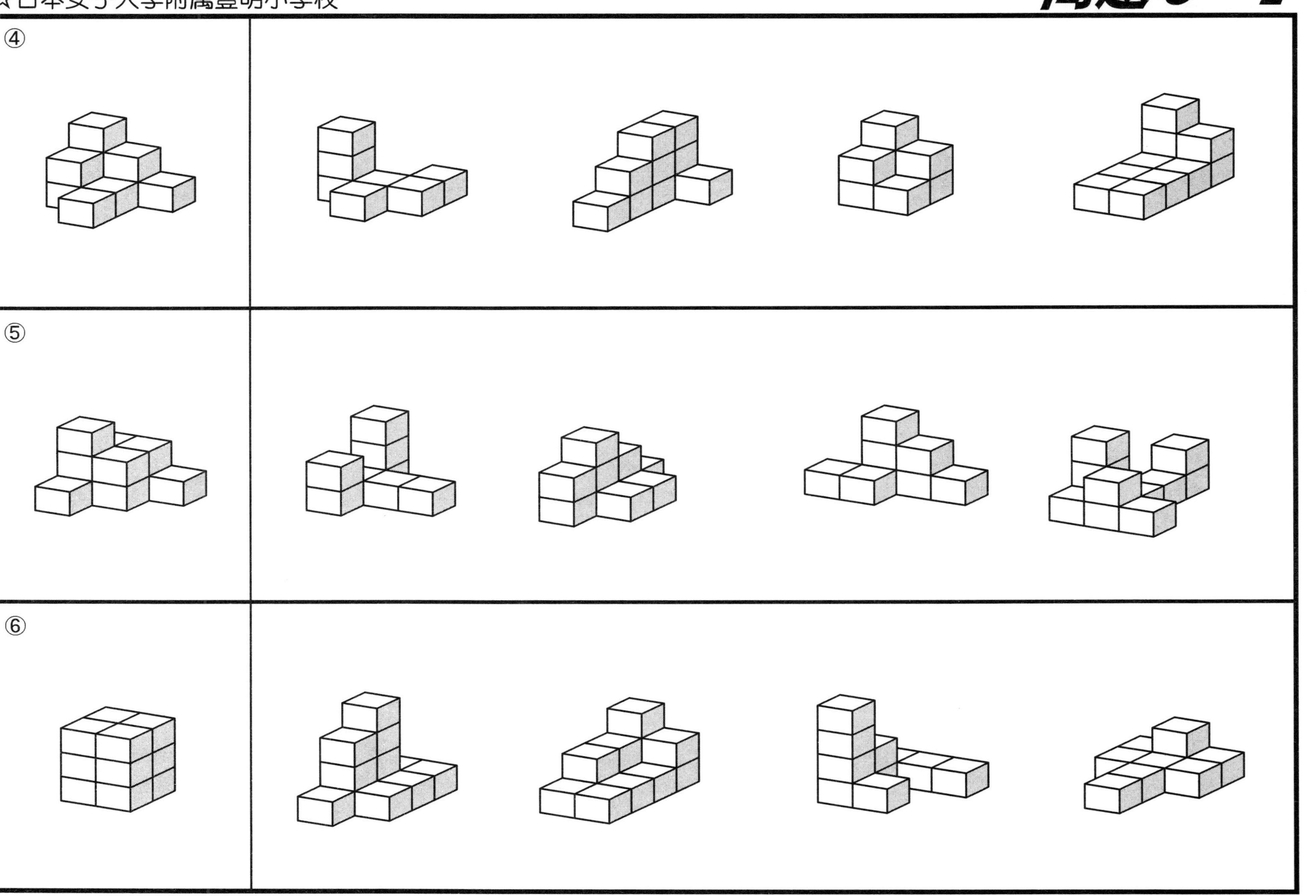

問題４－１

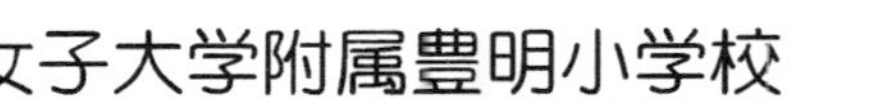

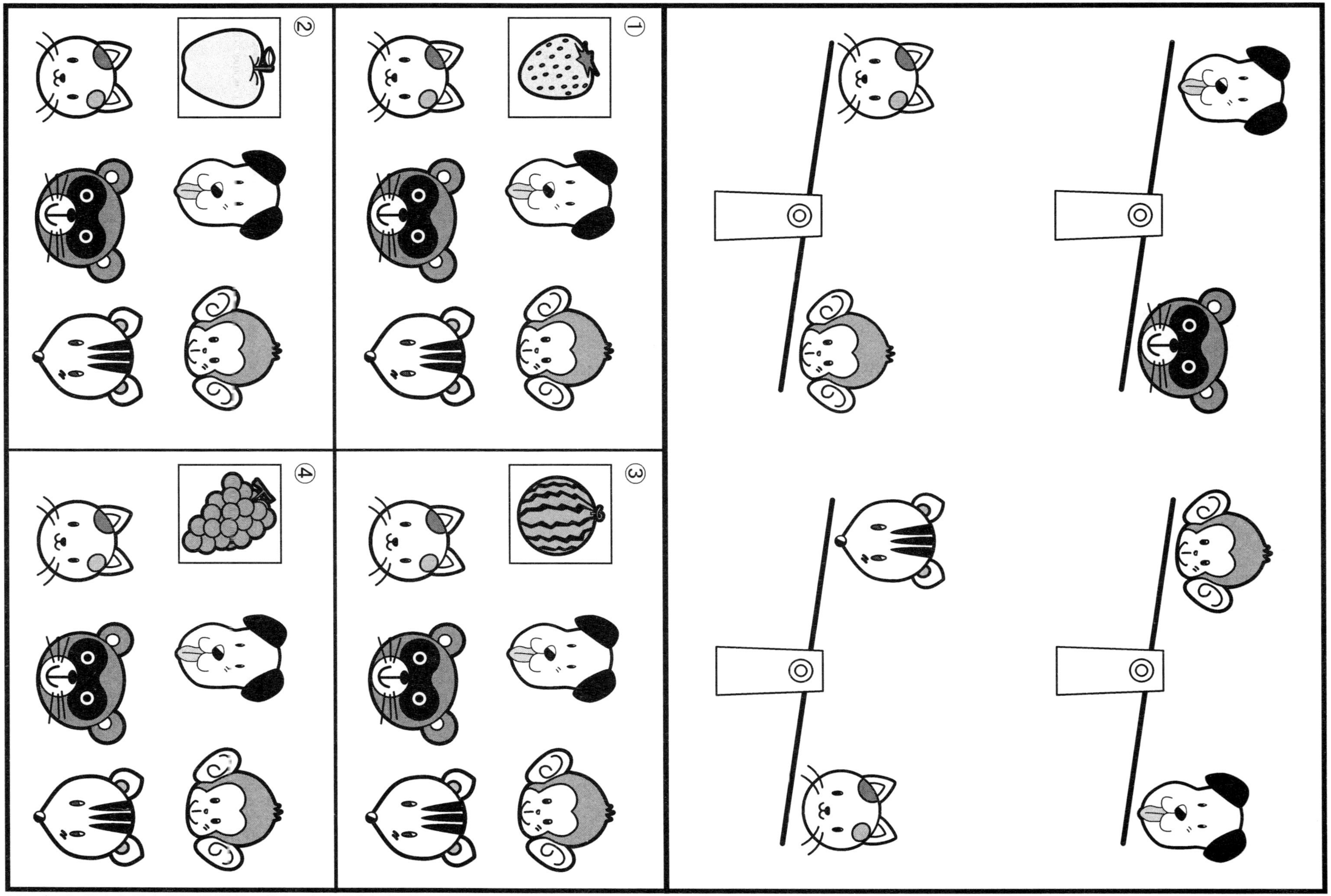

①

②

③

④

問題4－2

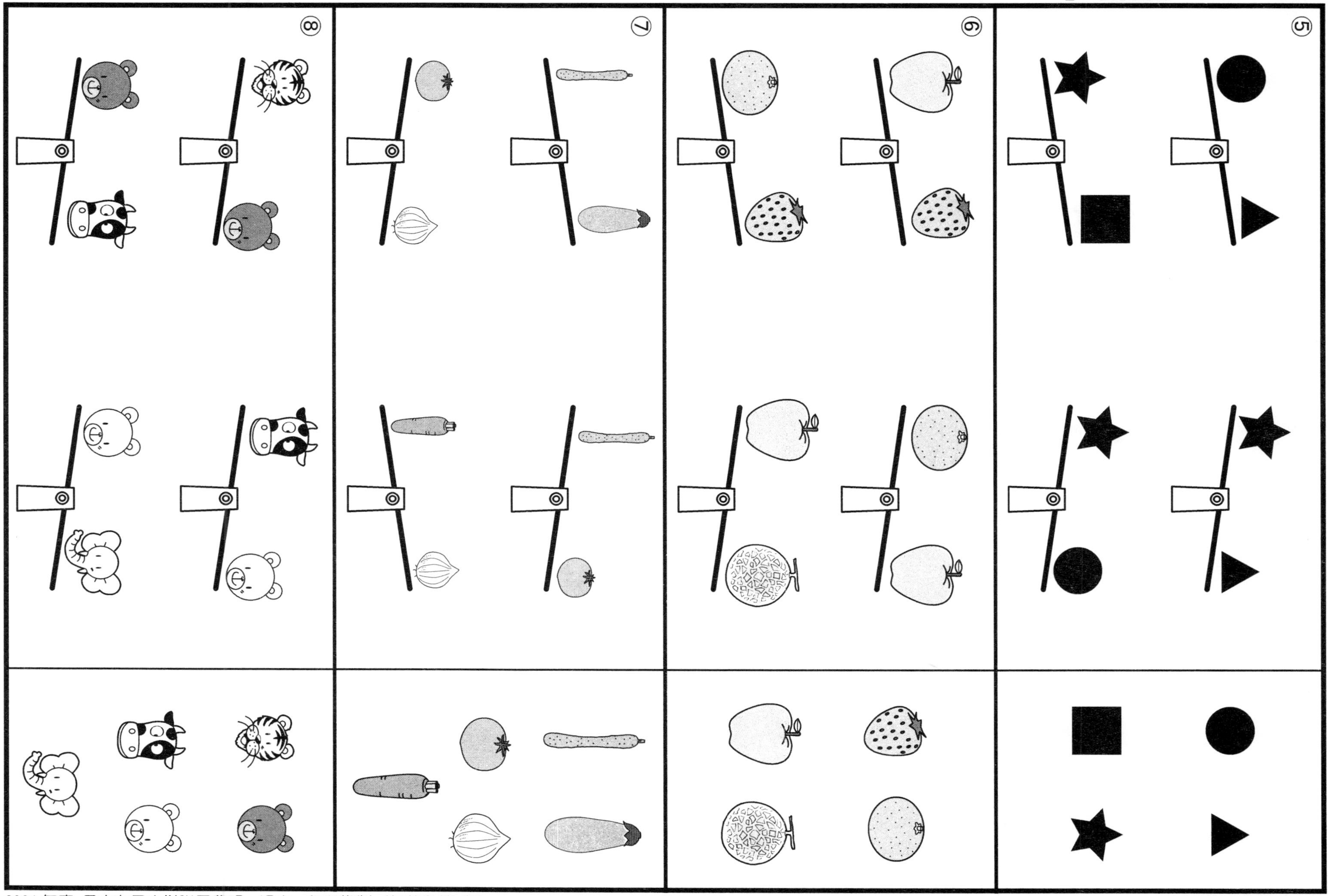

⑤

⑥

⑦

⑧

日本学習図書株式会社

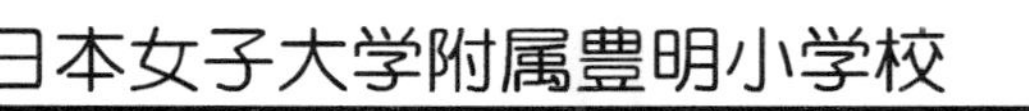

問題5

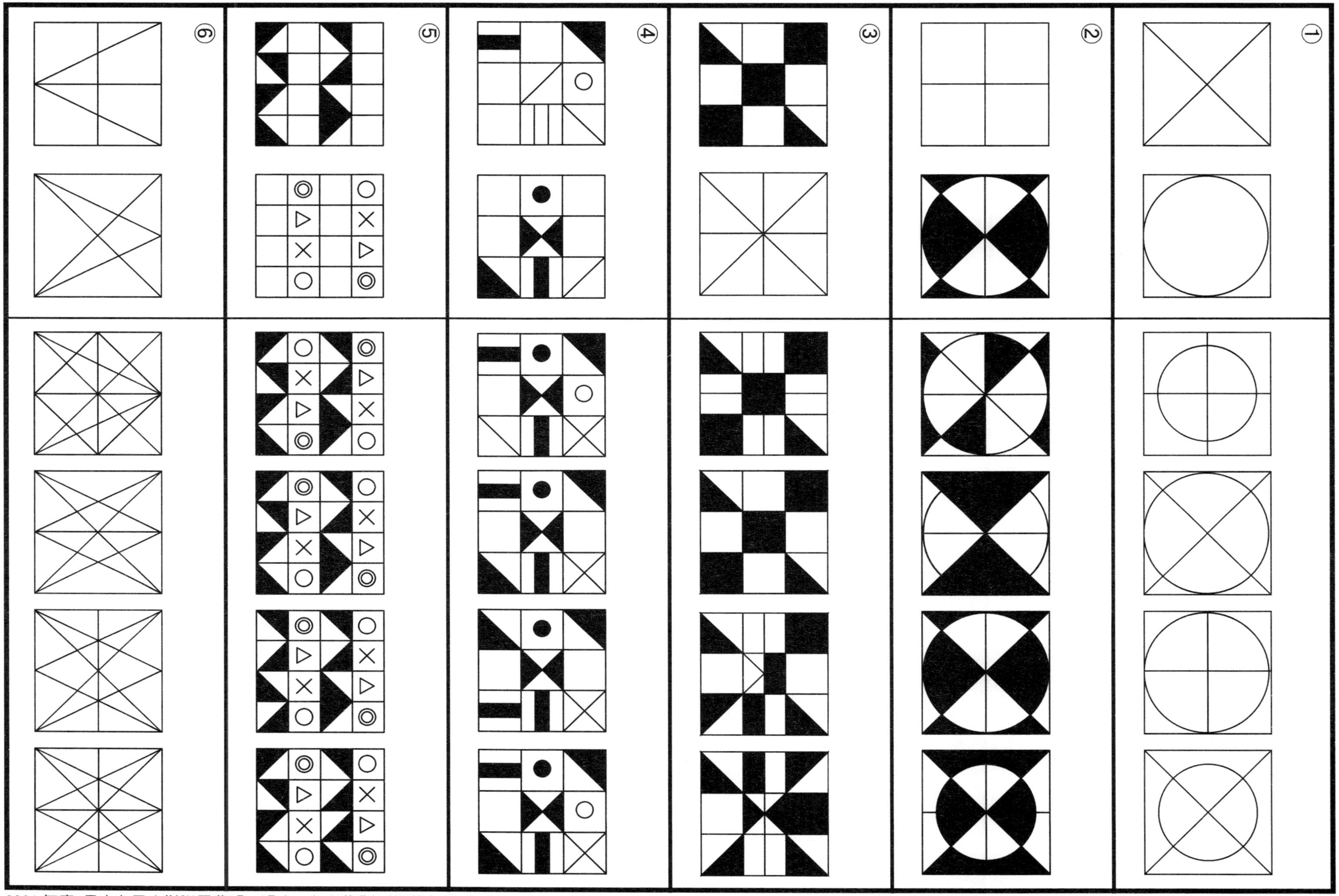

①

②

③

④

⑤

⑥

問題6

問題１０－１

①

②

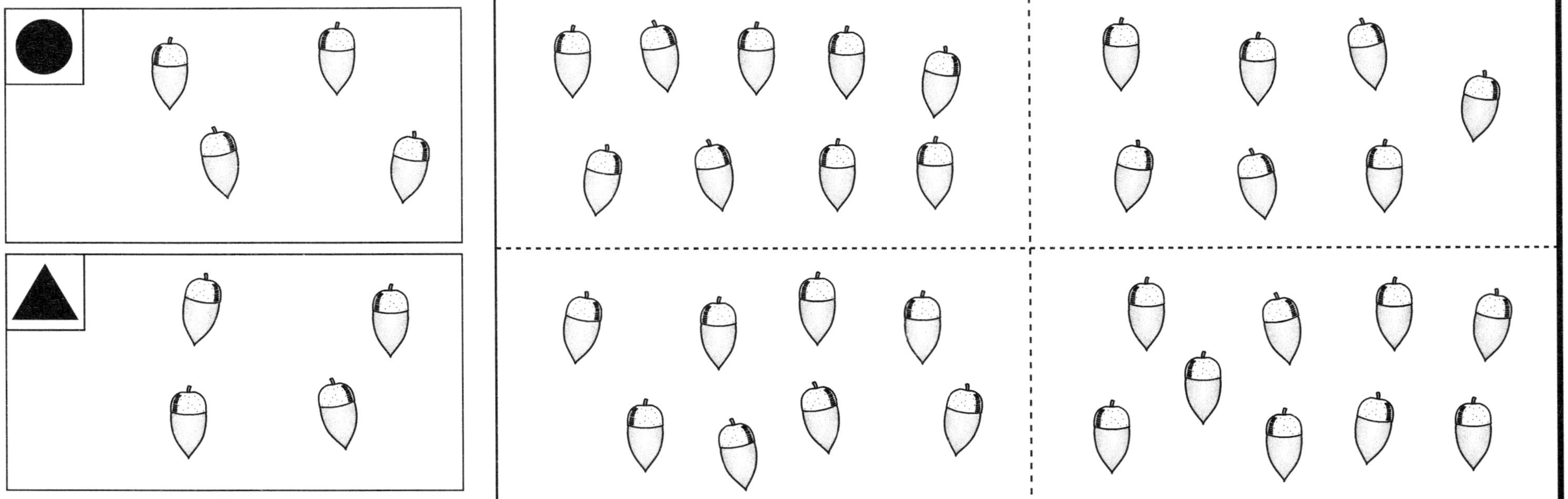

☆日本女子大学附属豊明小学校

問題10－2

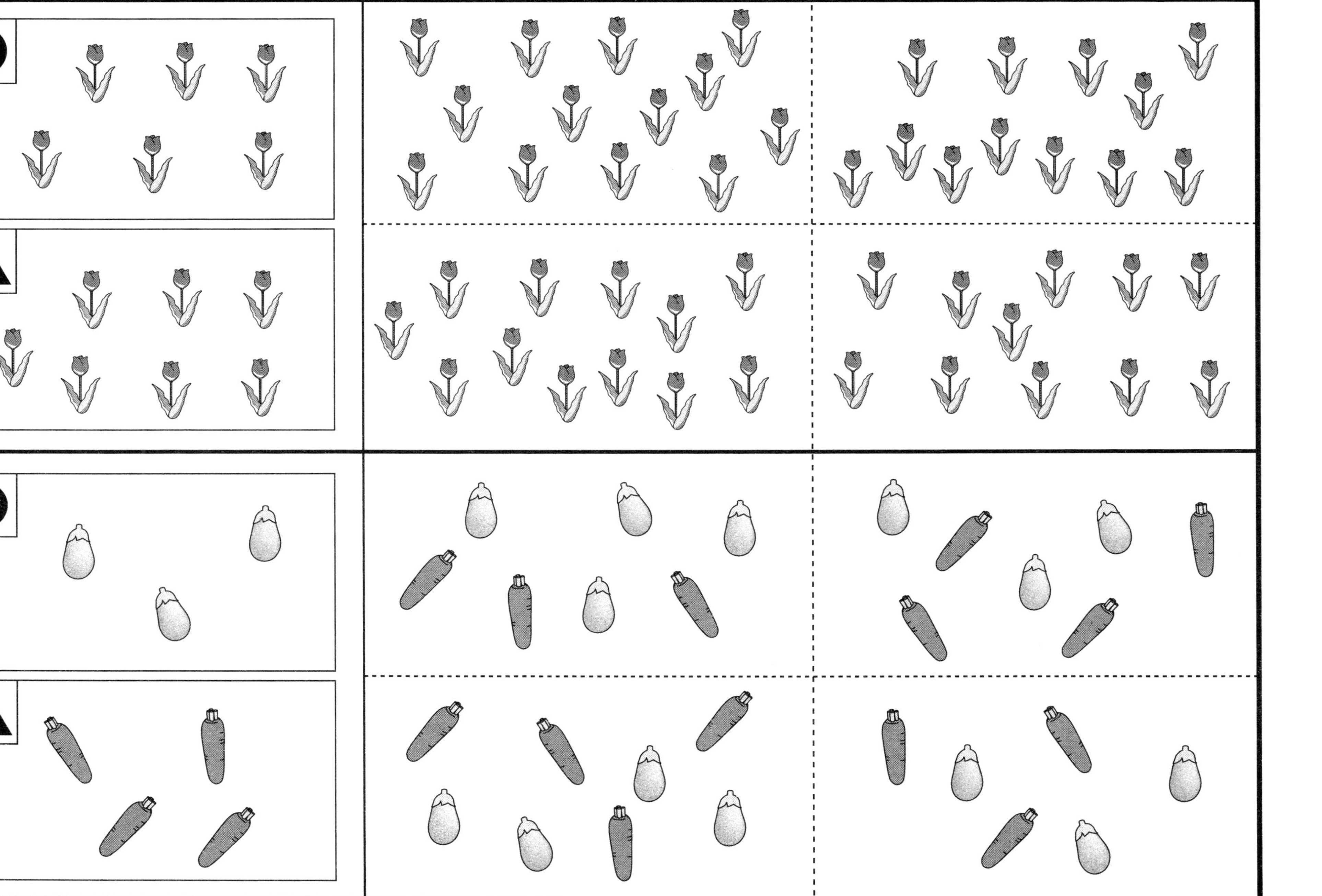

問題１０－３

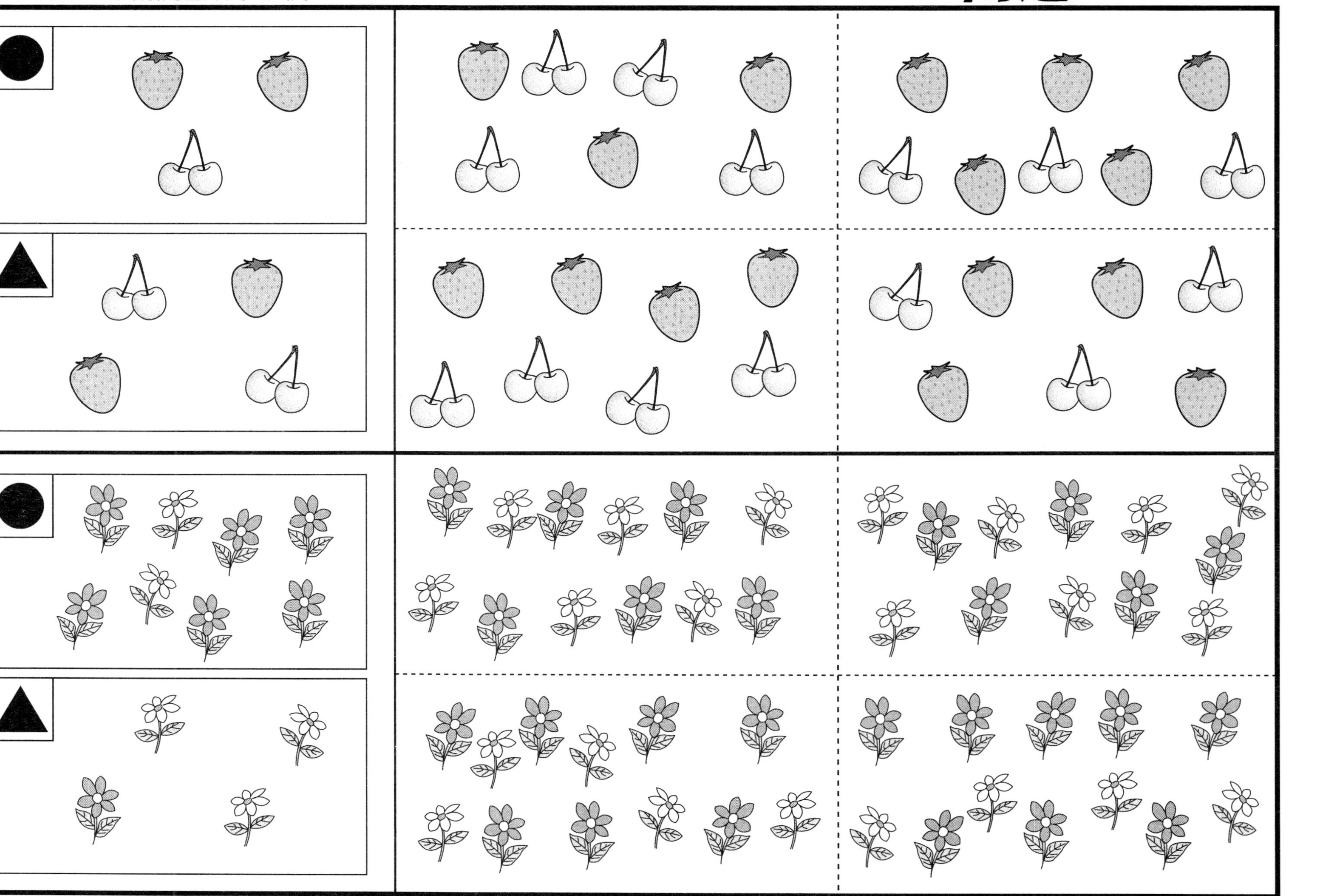

問題11

☆日本女子大学附属豊明小学校

問題１２

①

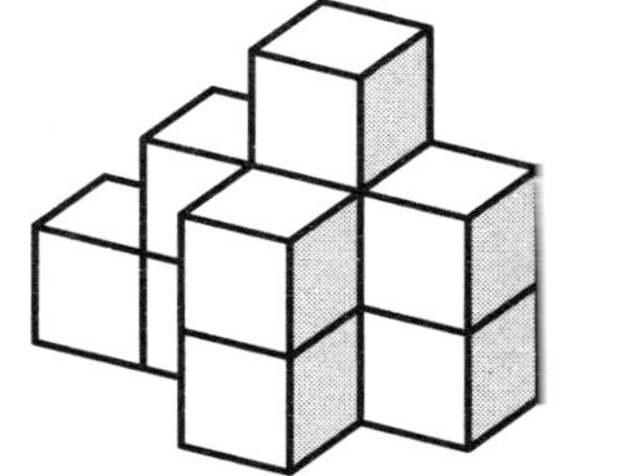

②

③

④

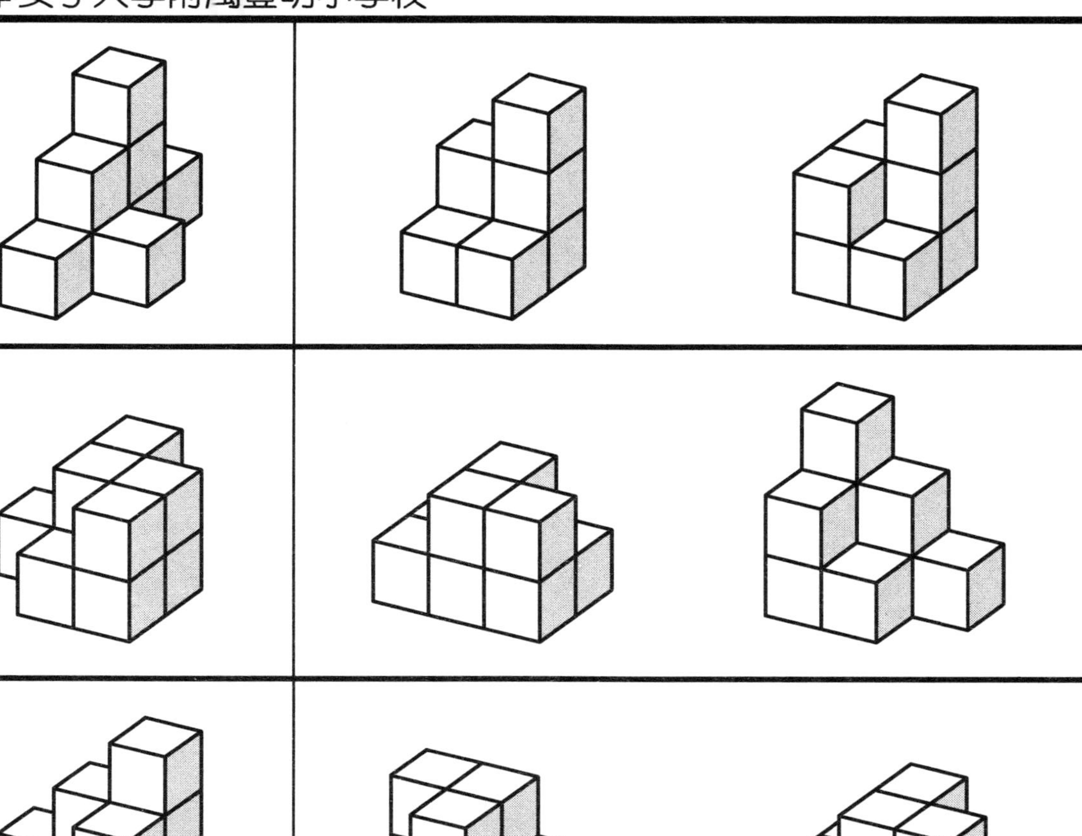

問題１３

①

②

③

④

日本学習図書株式会社

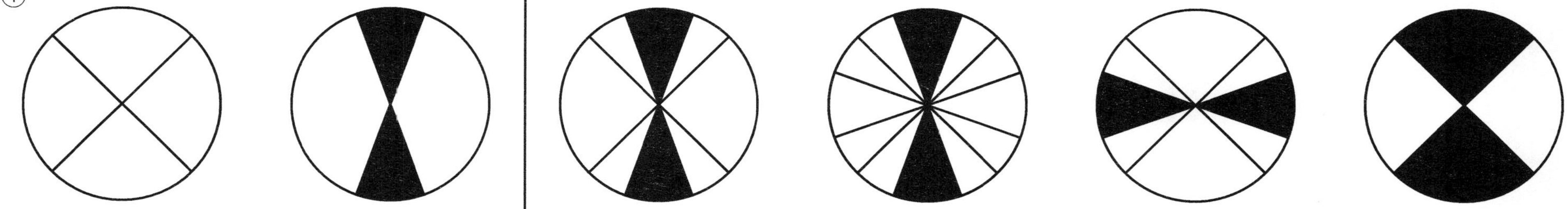

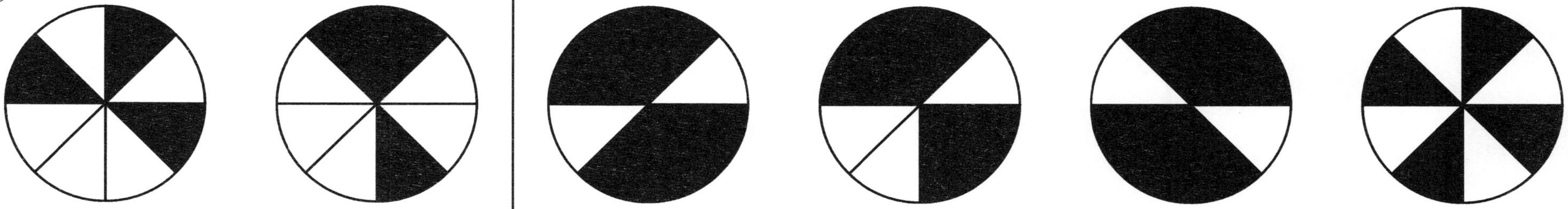

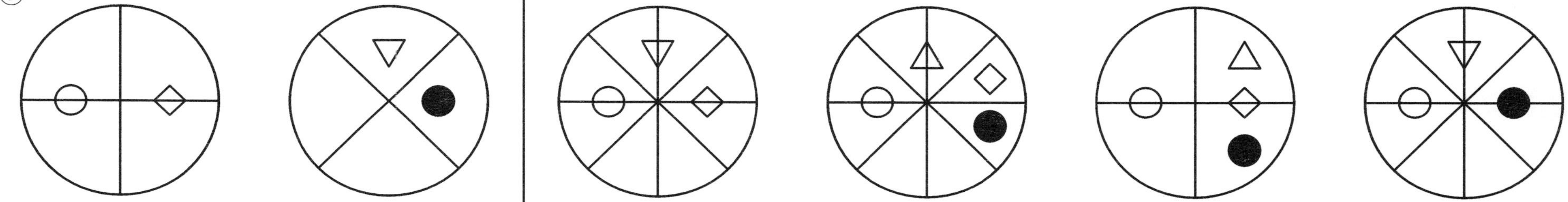

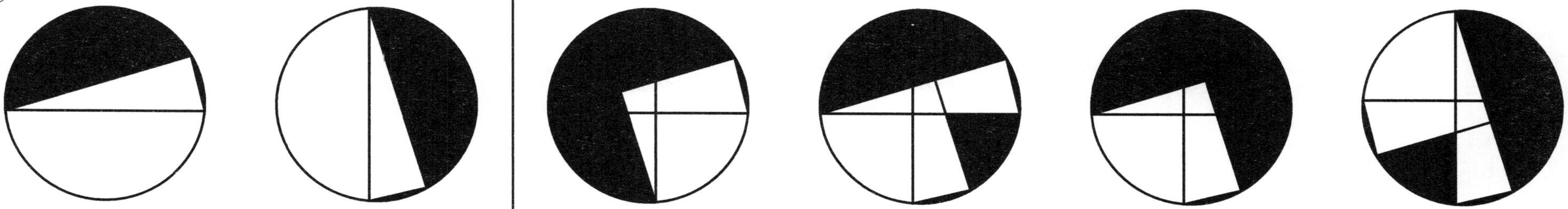

問題１４

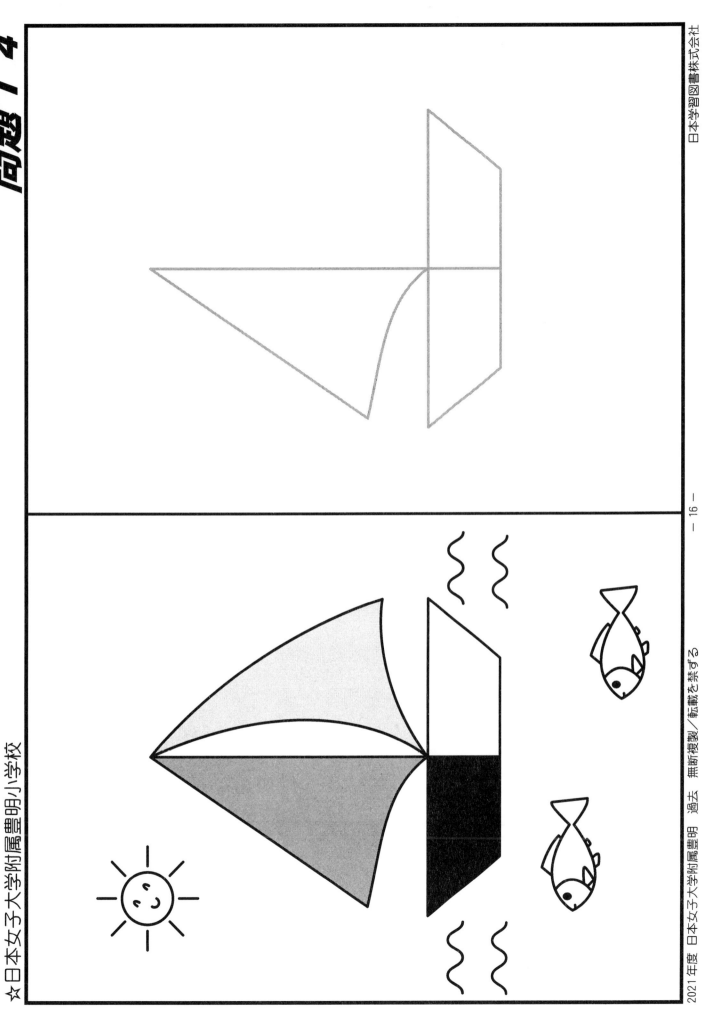

日本学習図書株式会社

問題１７−１

①

②

③

日本学習図書株式会社

問題１７－２

④

⑤

⑥

日本学習図書株式会社

問題１８

①

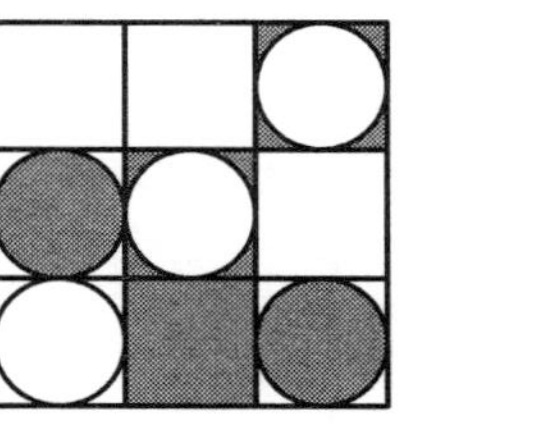
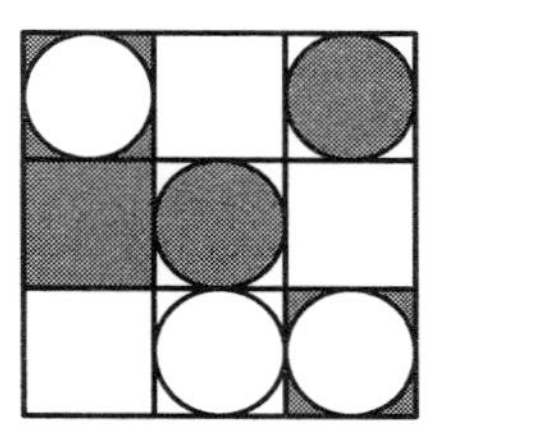
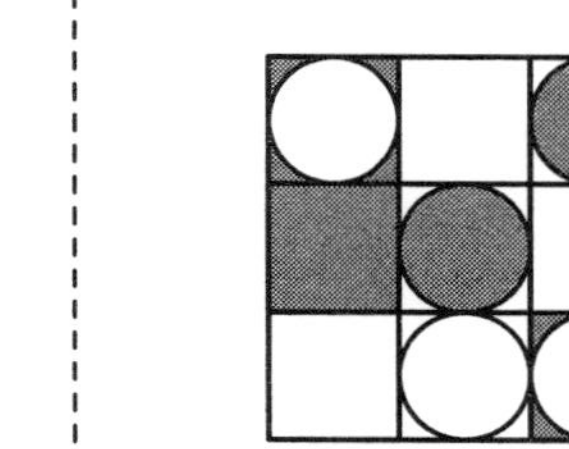
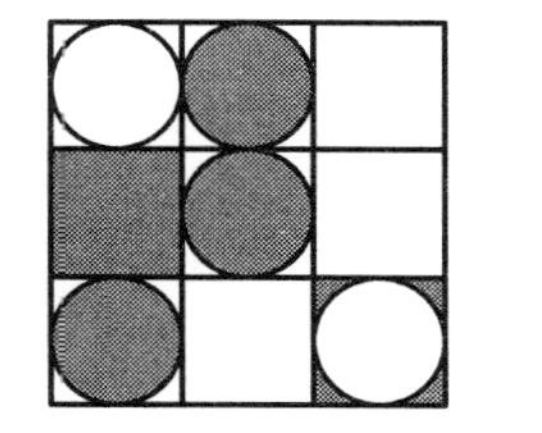
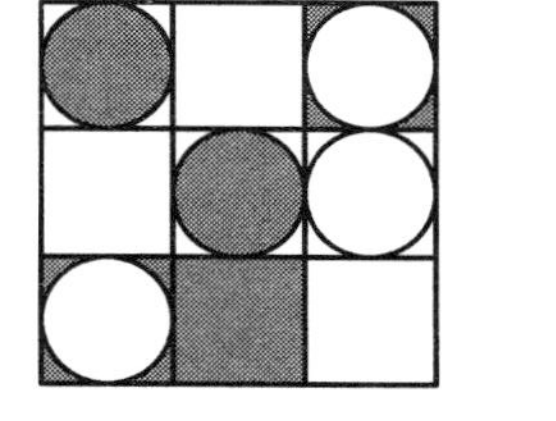

②

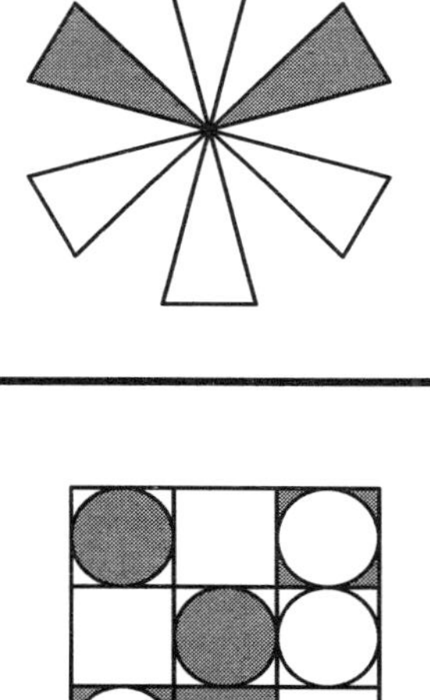

③

④

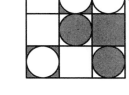

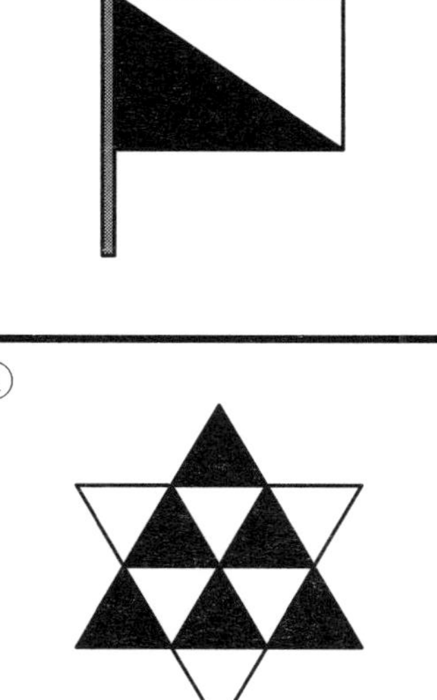

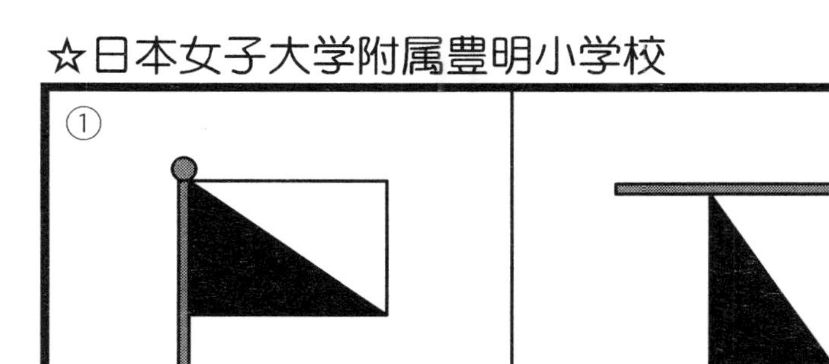

日本学習図書株式会社

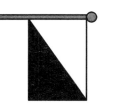

問題19－1

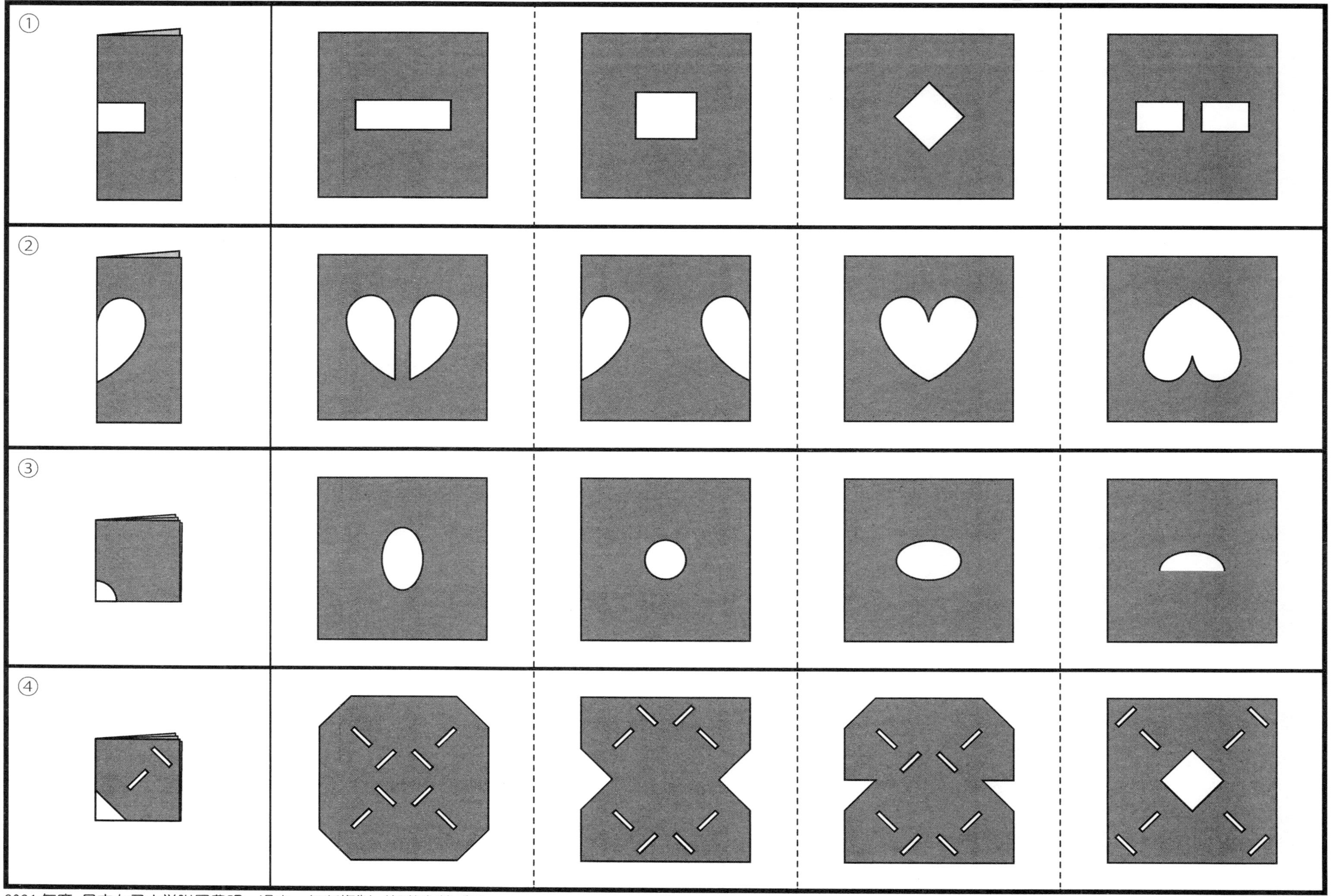

①

②

③

④

問題１９－２

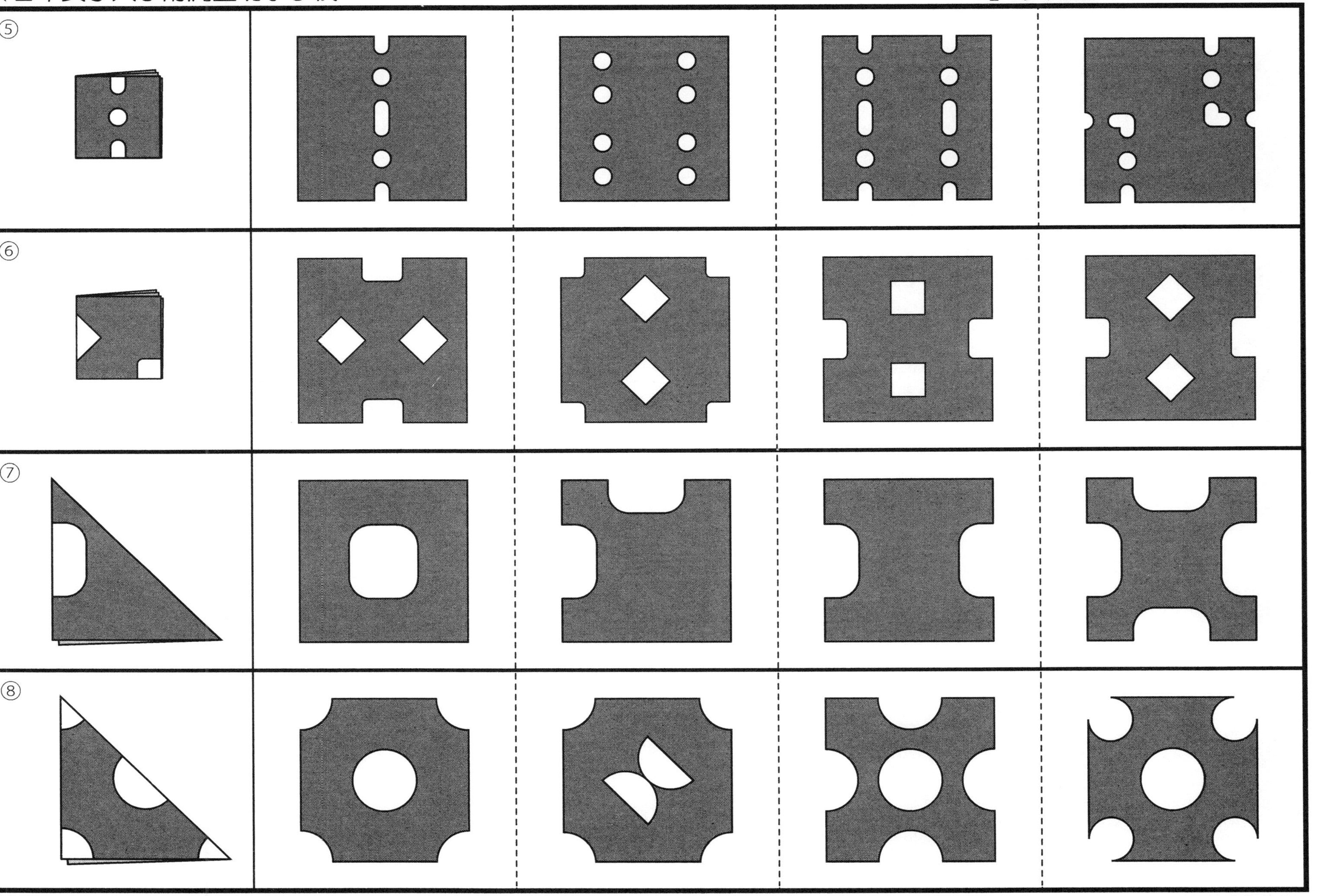

①

②

③

④

⑤

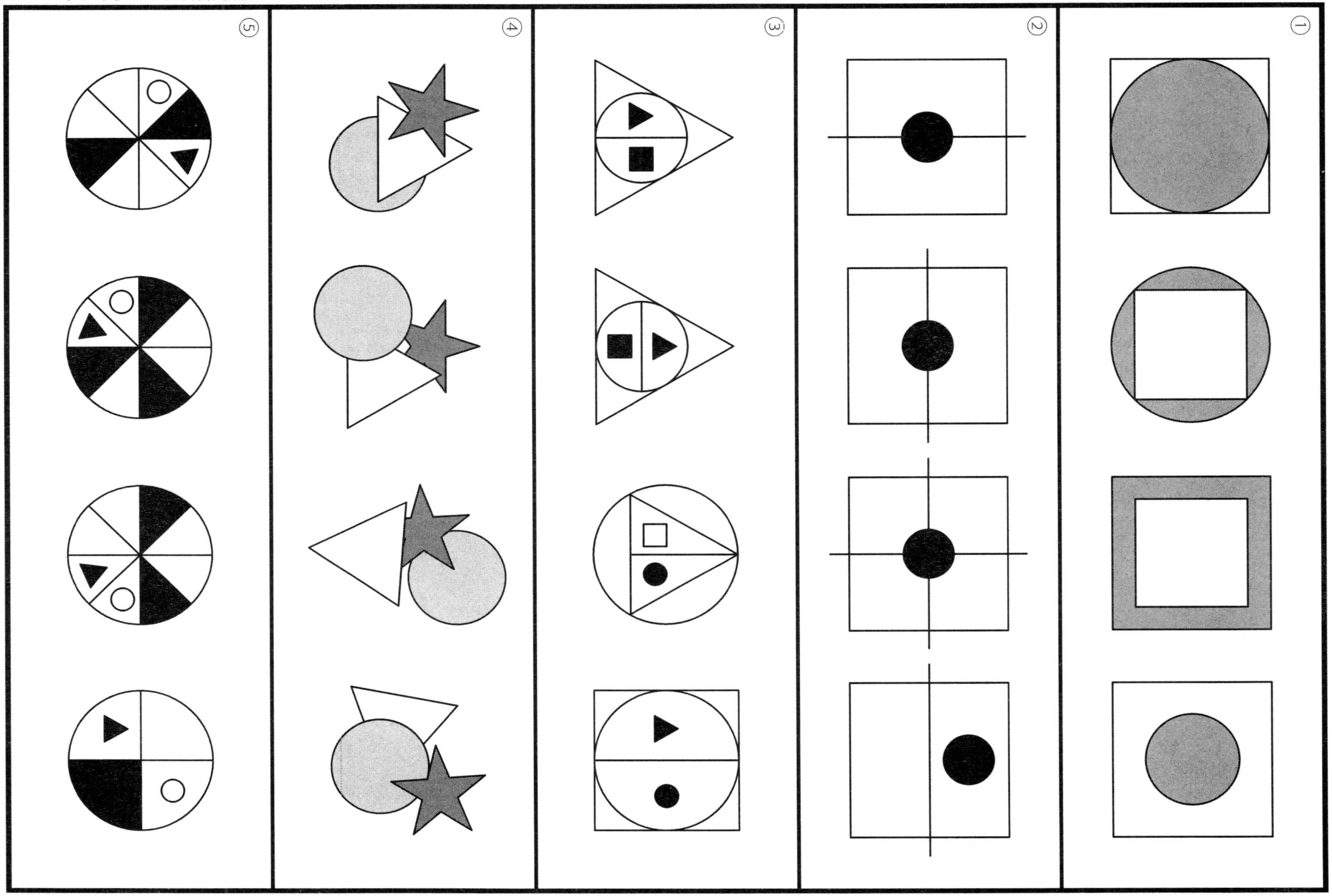

問題21

問題２３

問題２４

☆日本女子大学附属豊明小学校

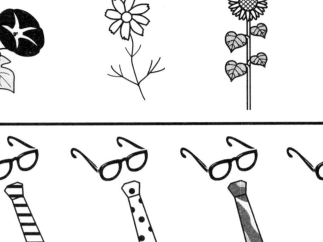

①

②

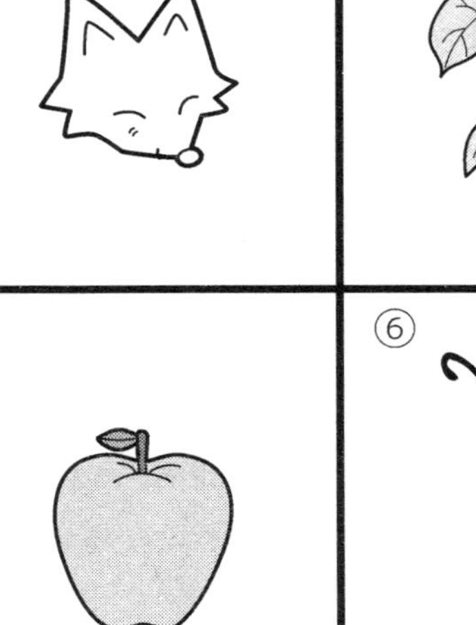

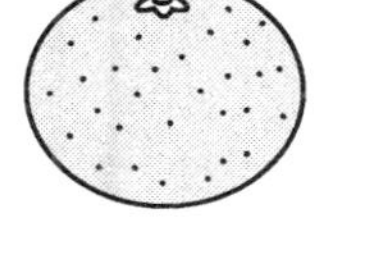

③

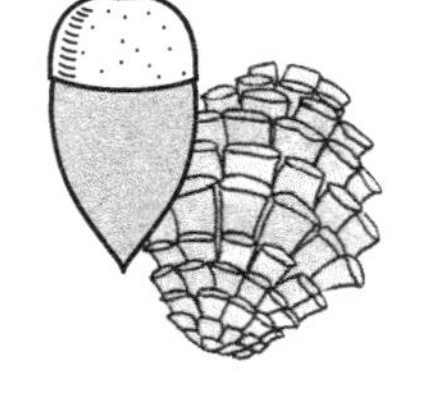

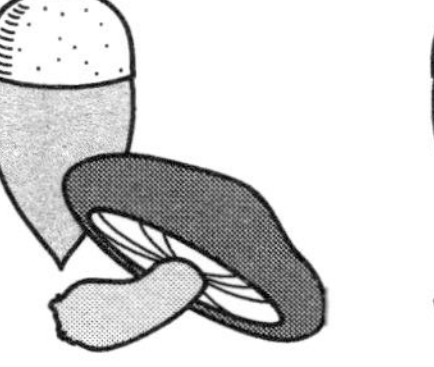

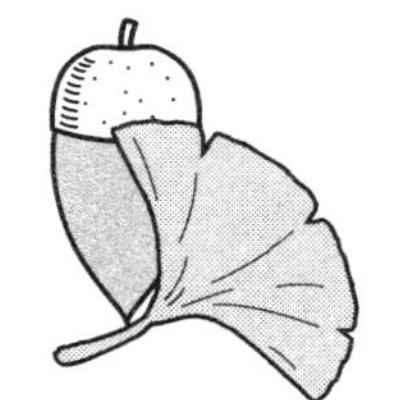

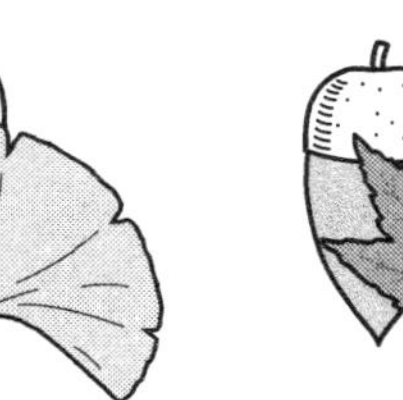

④

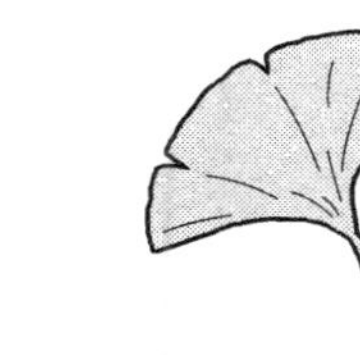

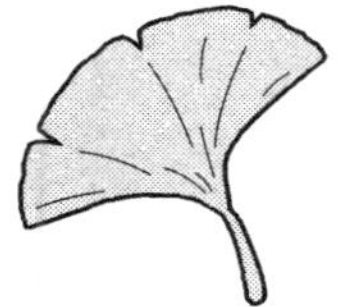

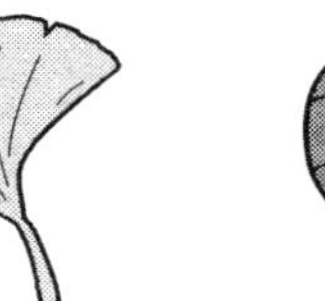

⑤

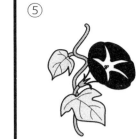

⑥

⑦

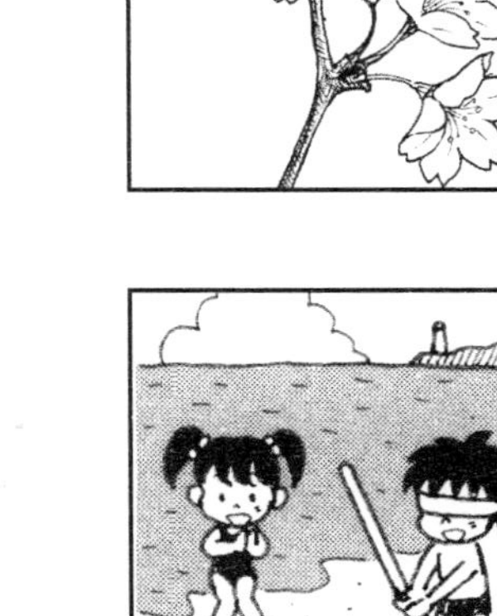

問題２５

①

②

③

④

日本学習図書株式会社

問題２６

①

②

③

④

問題27

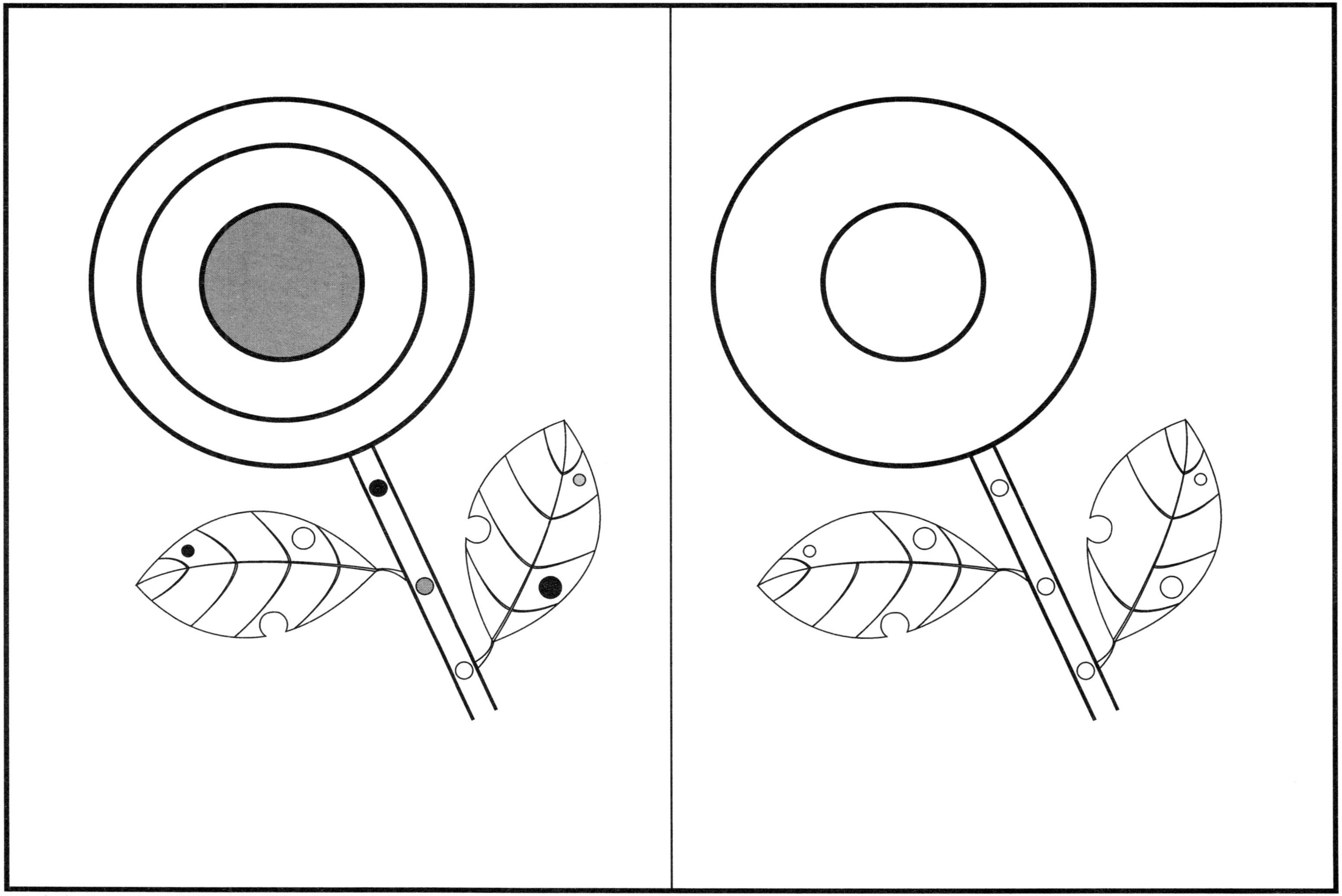

問題２９

問題３０－１

①

②

③

④

⑤

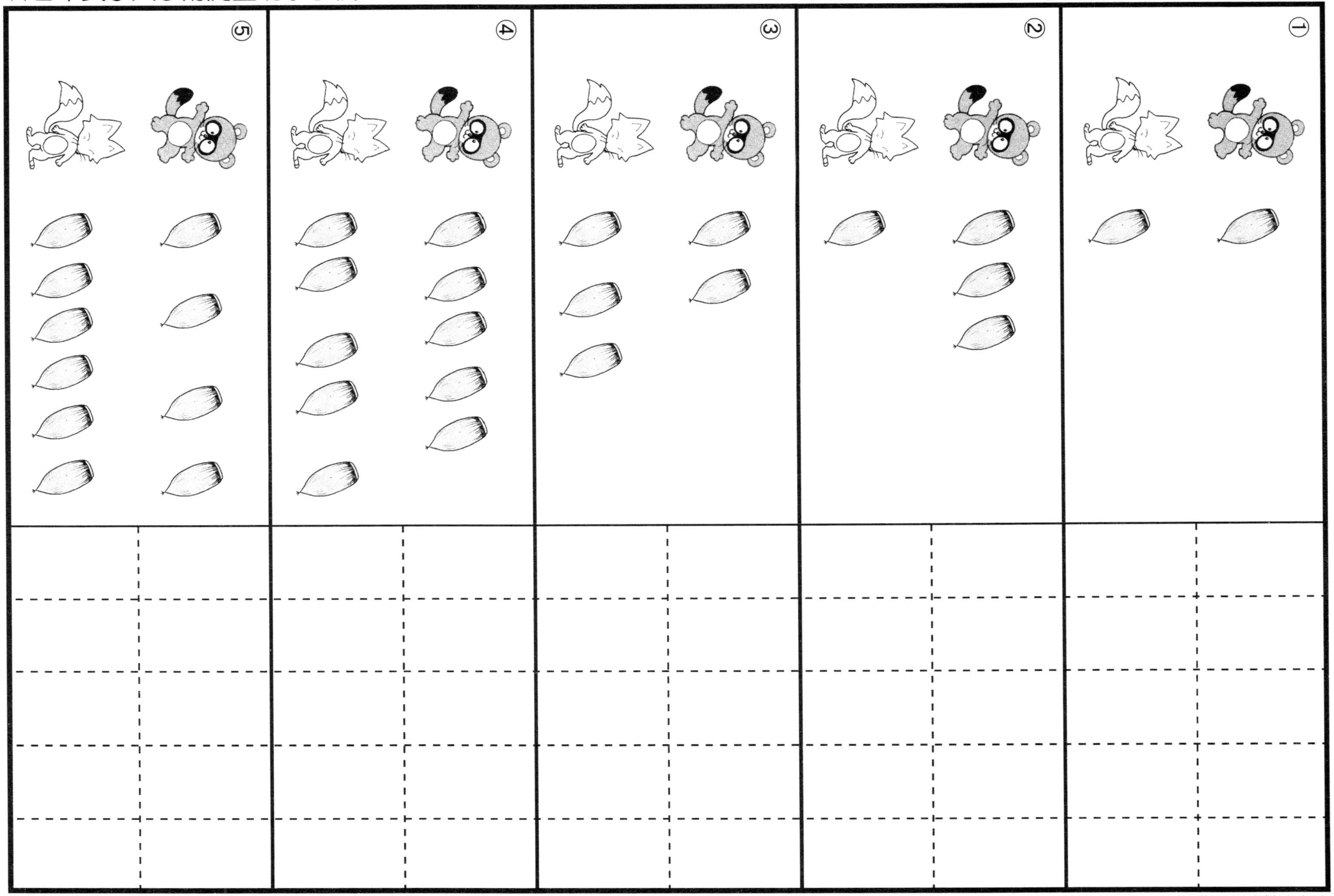

日本学習図書株式会社

問題３０－２

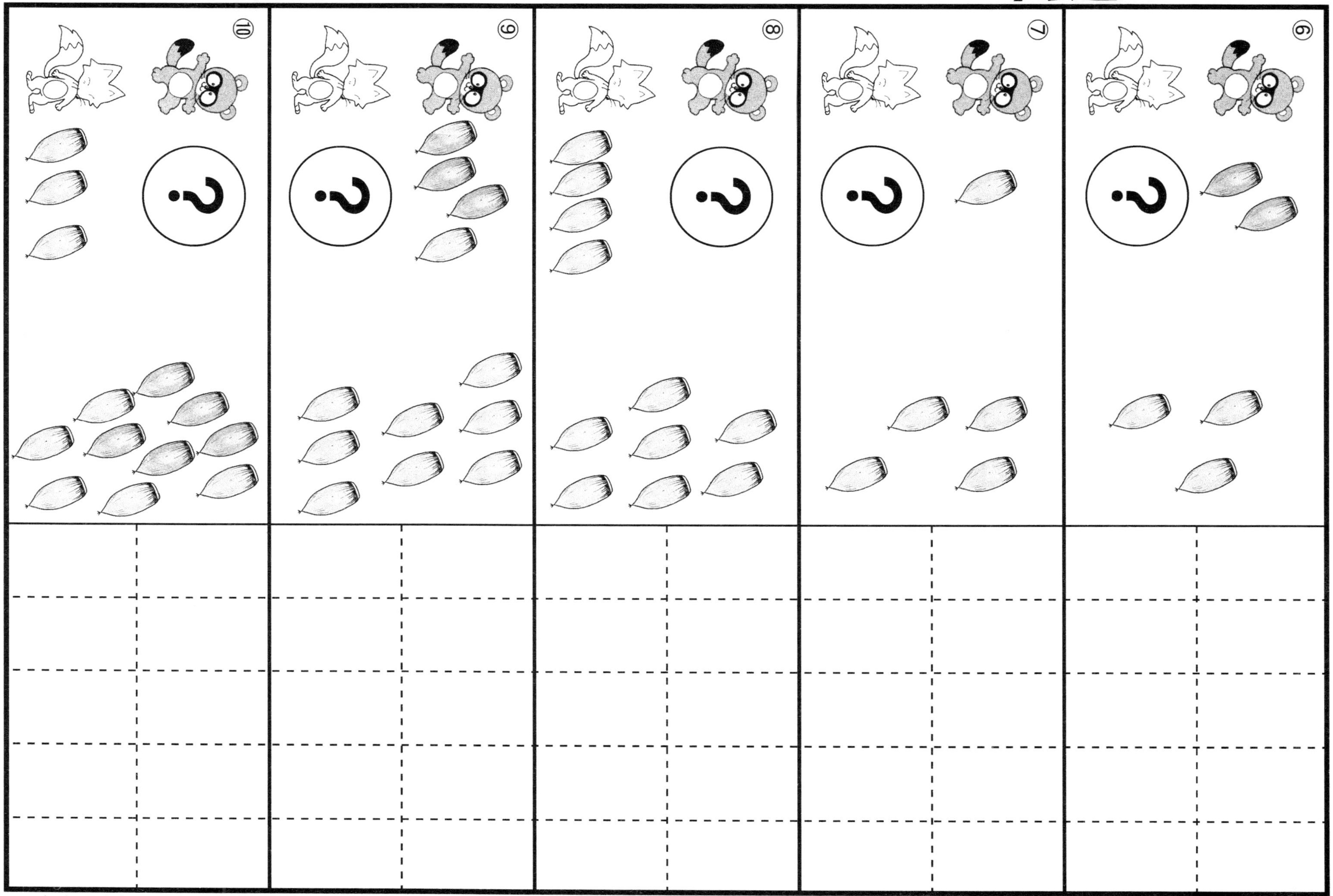

⑥

？

⑦

？

⑧

？

⑨

？

⑩

？

日本学習図書株式会社

問題３１

①

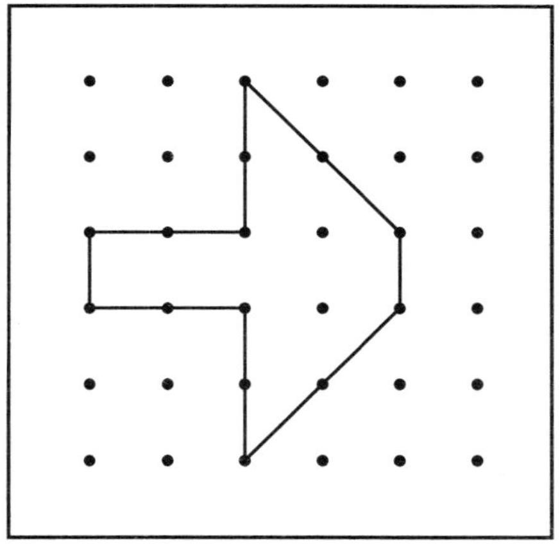

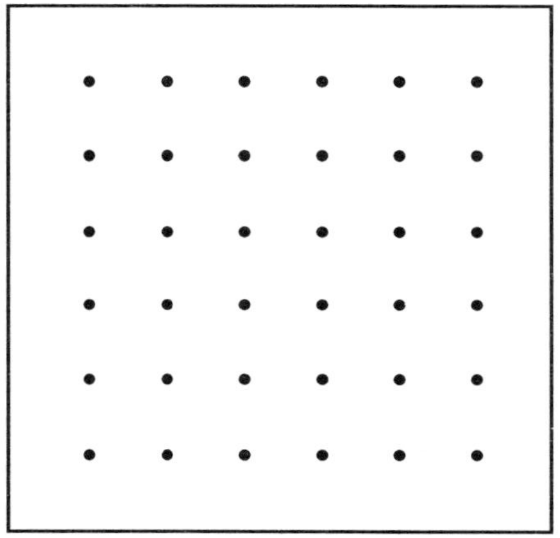

②

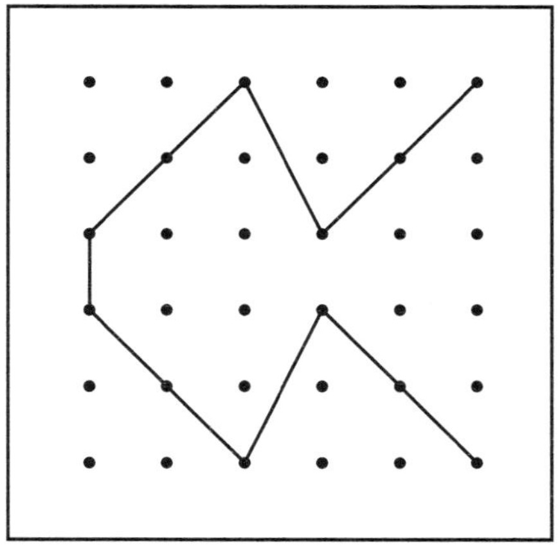

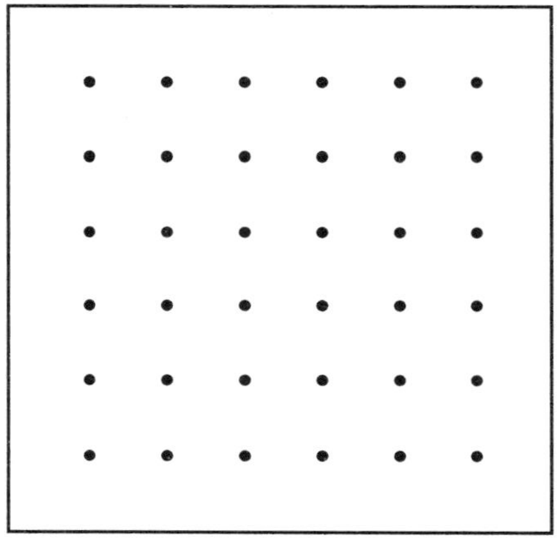

③

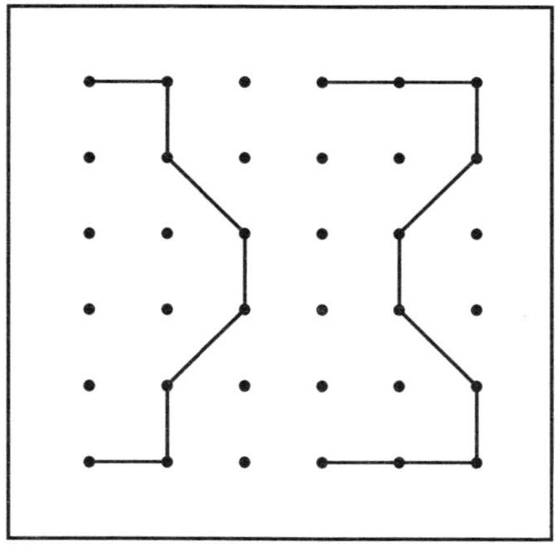

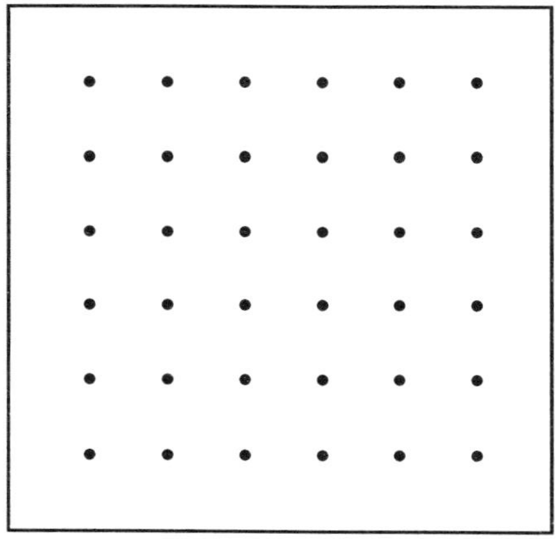

④

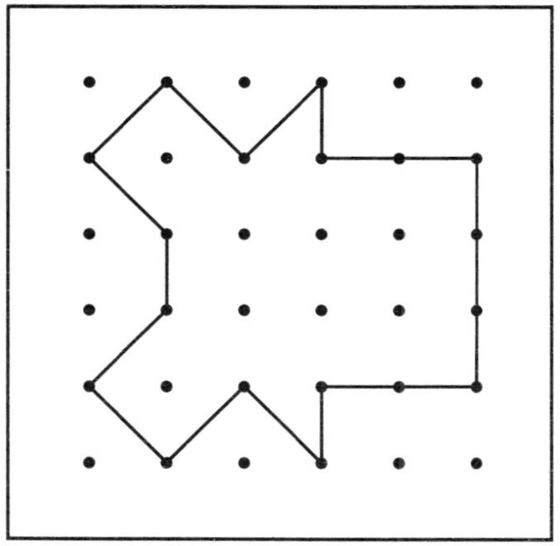

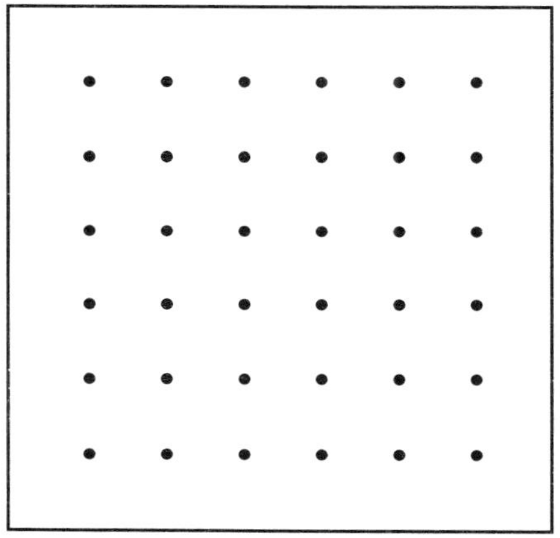

日本学習図書株式会社

問題32－1

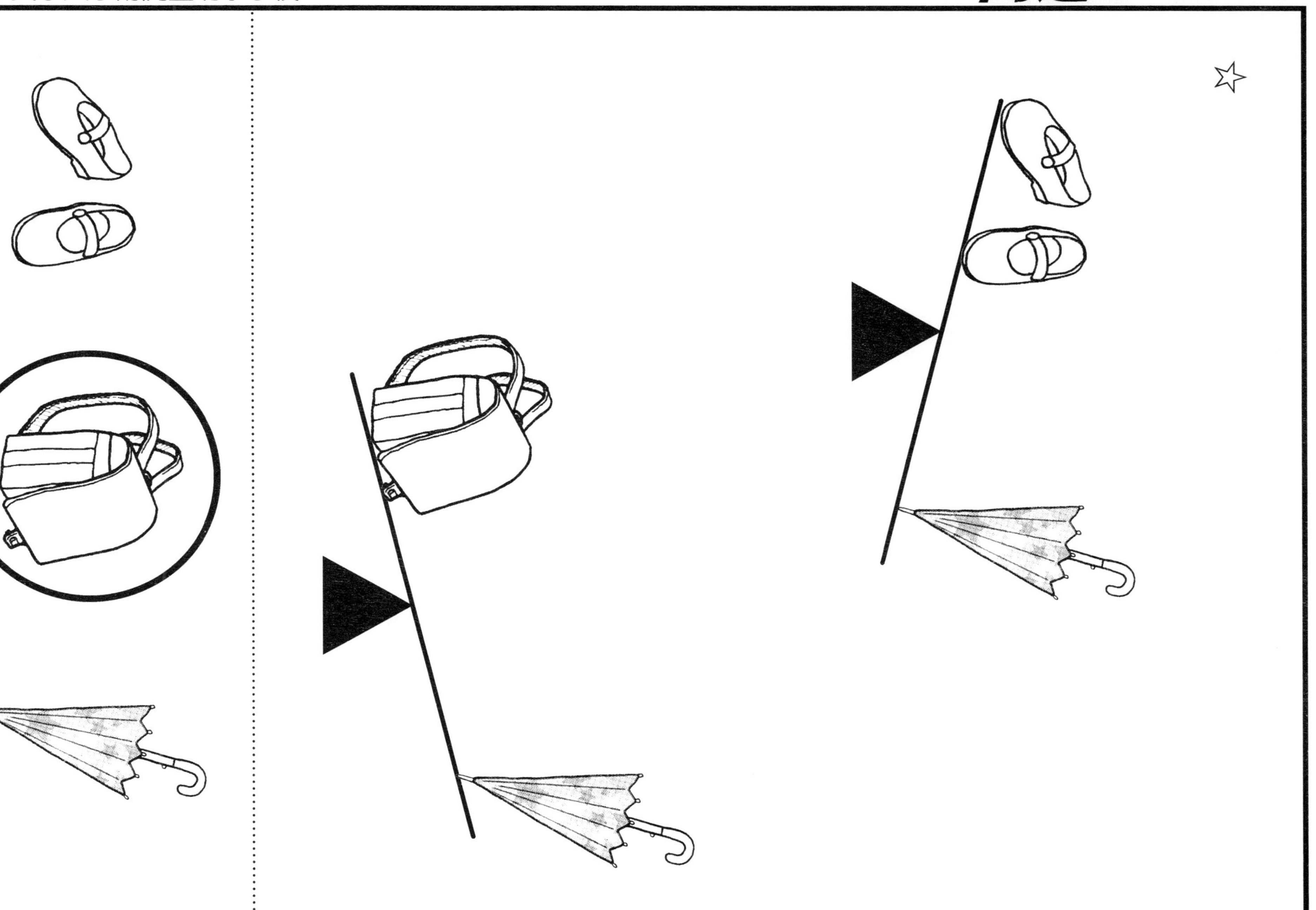

問題３ ２－２

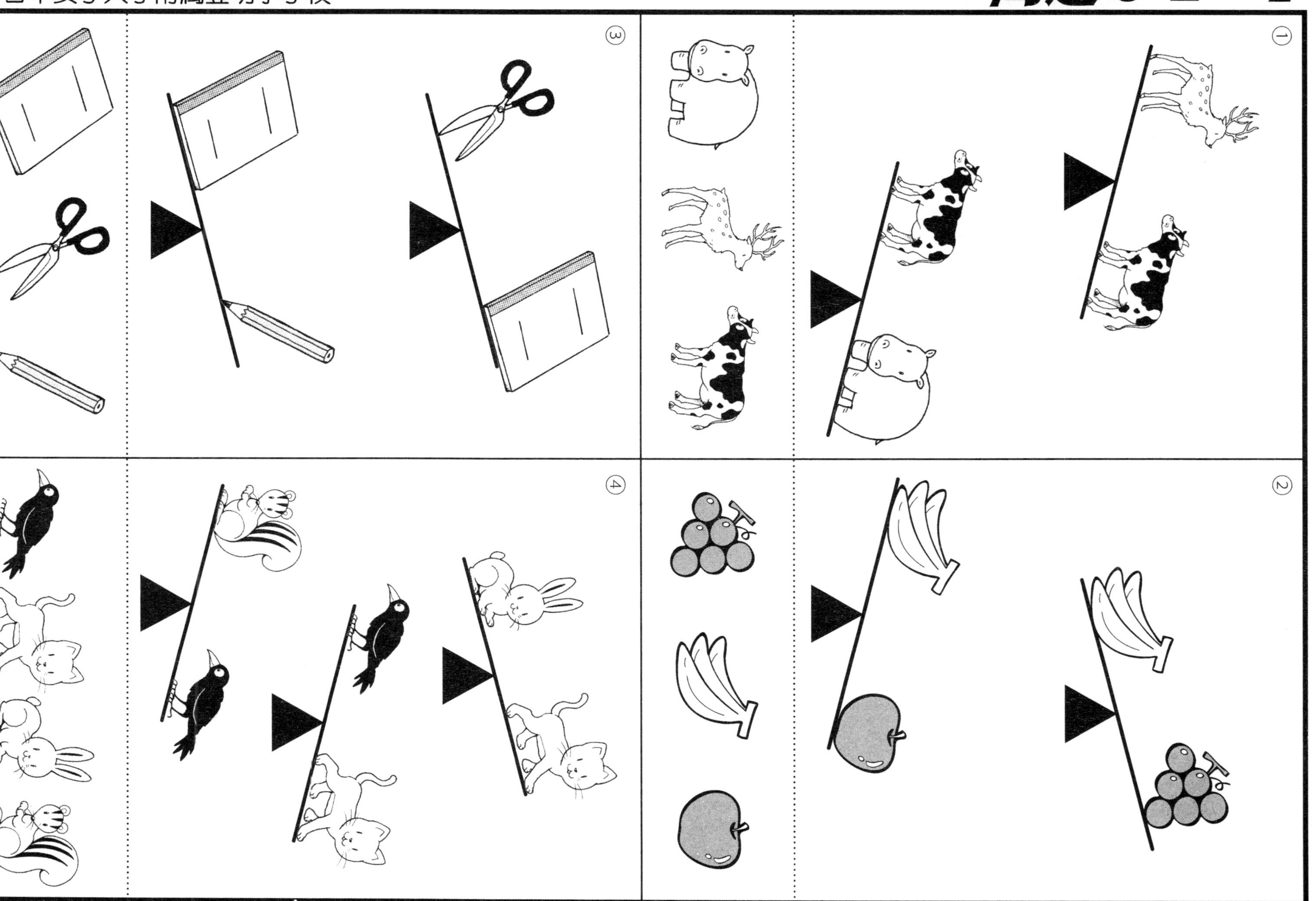

日本学習図書株式会社

☆日本女子大学附属豊明小学校

問題３３

問題３４

①

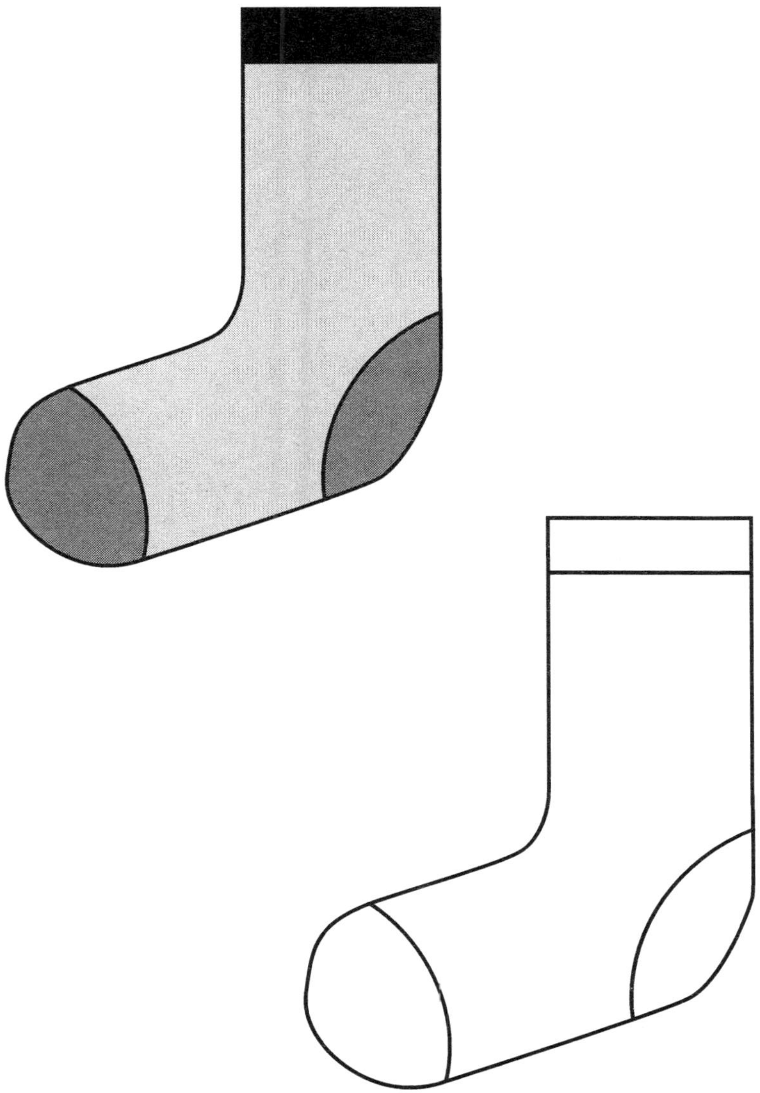

②

問題３６－１

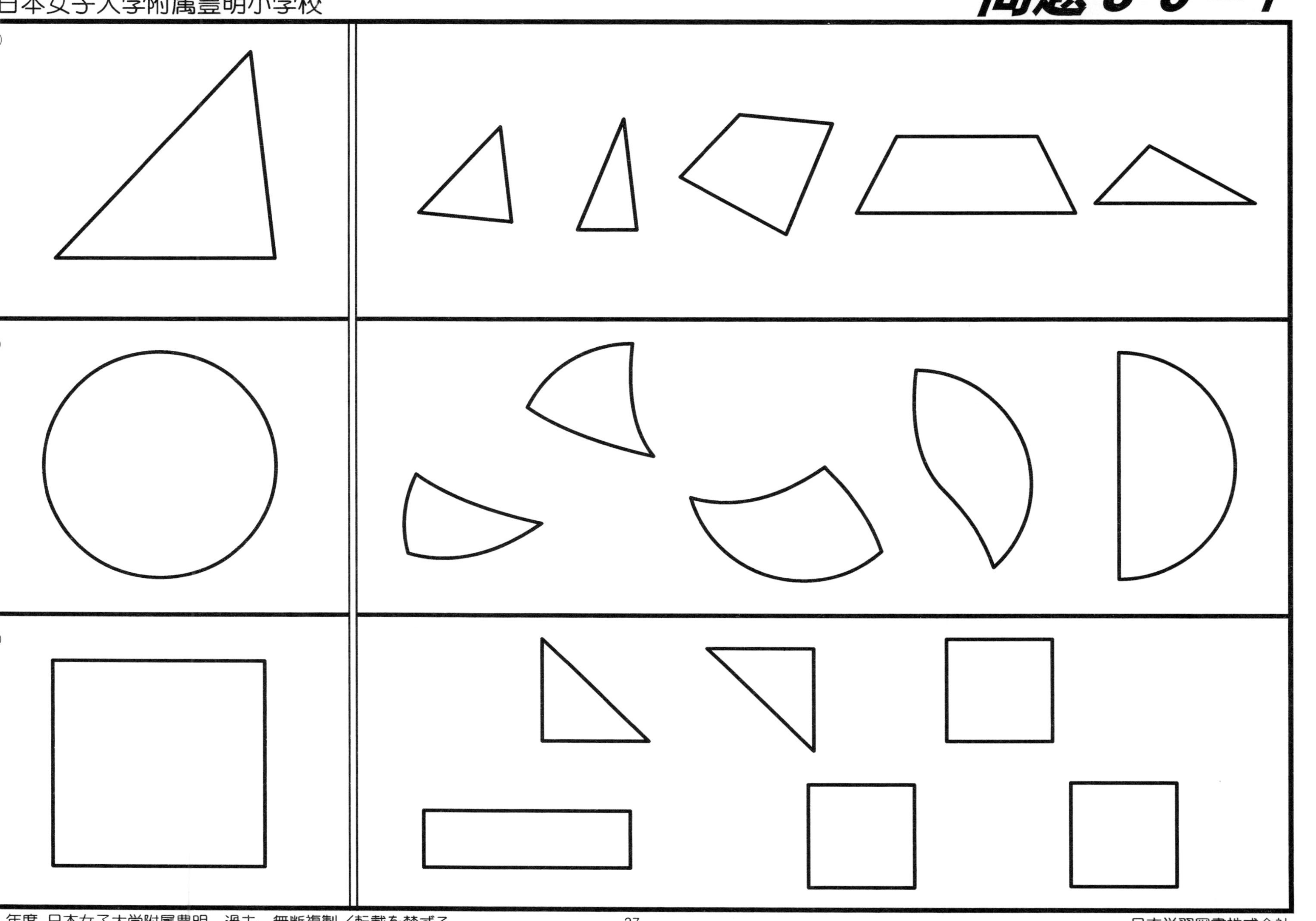

問題３６－２

④

⑤

⑥

日本学習図書株式会社

☆日本女子大学附属豊明小学校

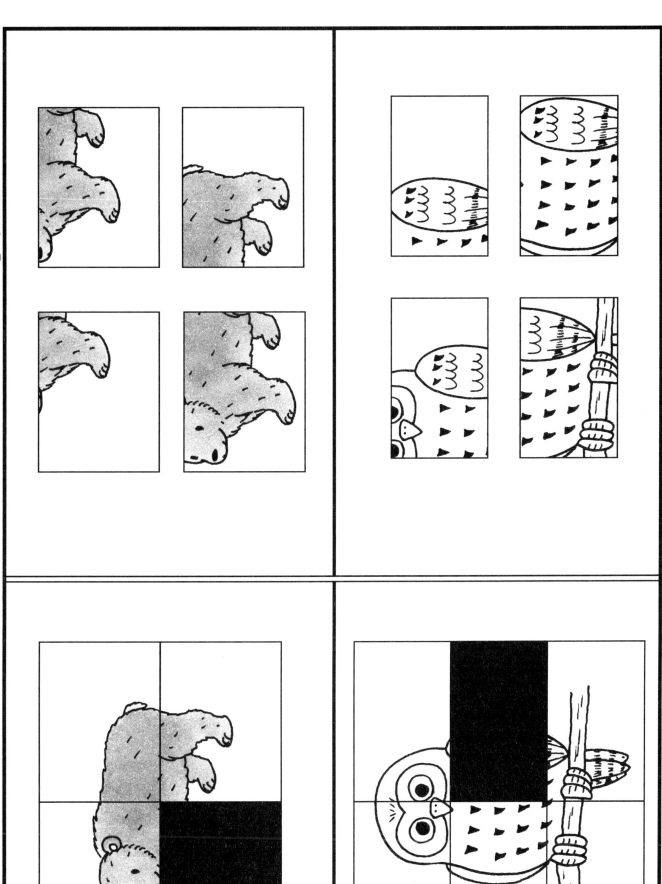

問題３７－１

①

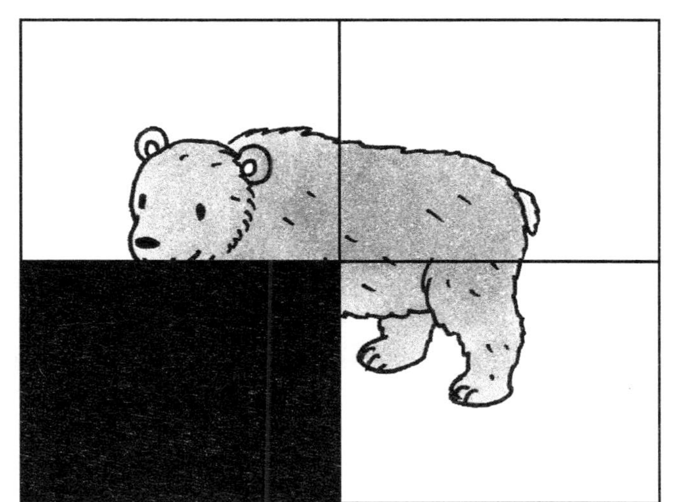

②

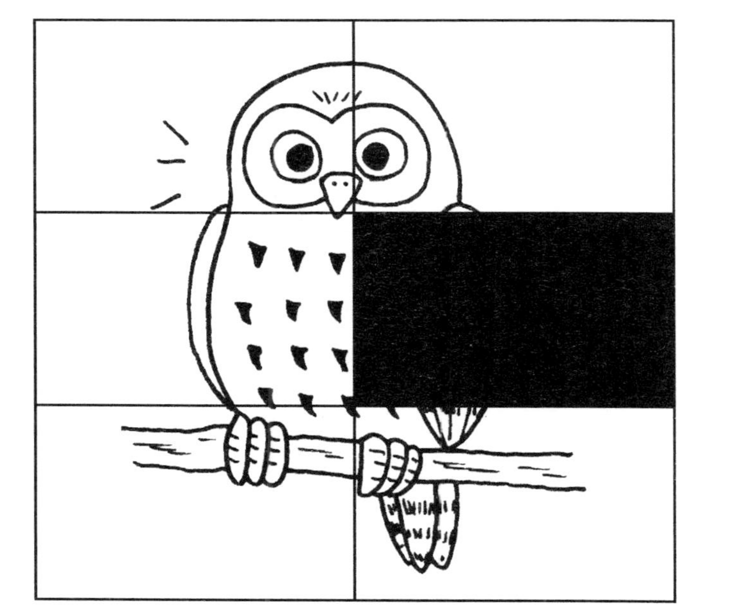

問題３７－２

③

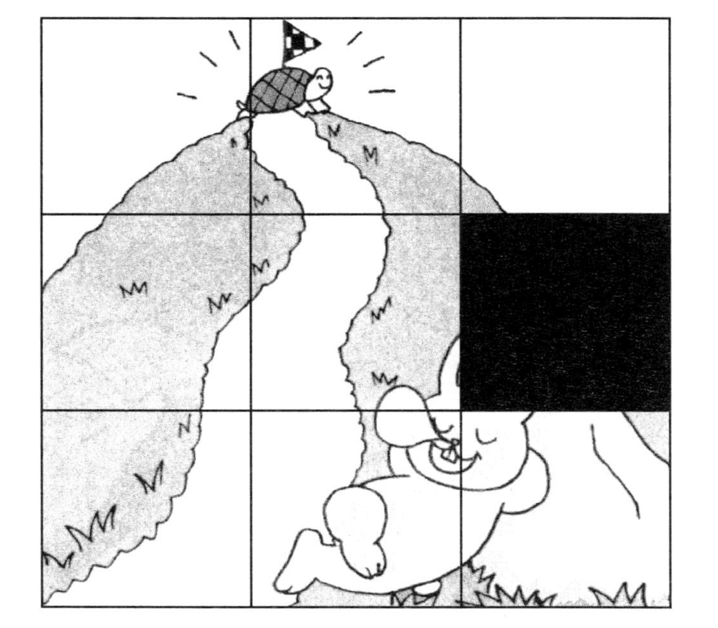

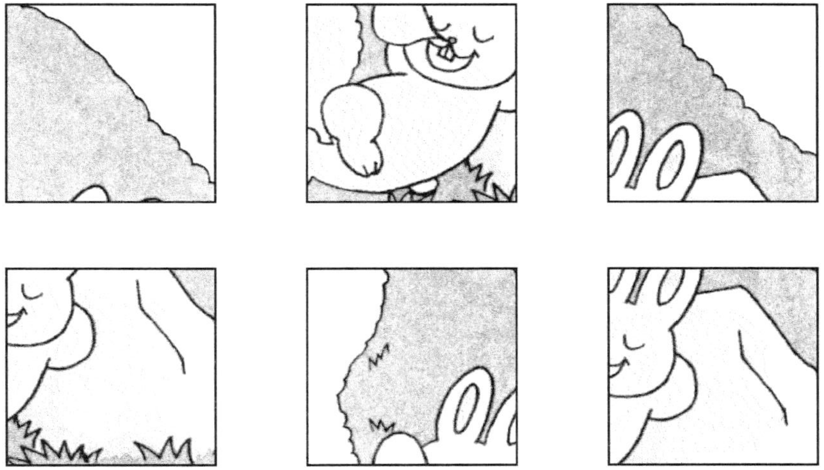

④

問題38－1

①

②

③

日本学習図書株式会社

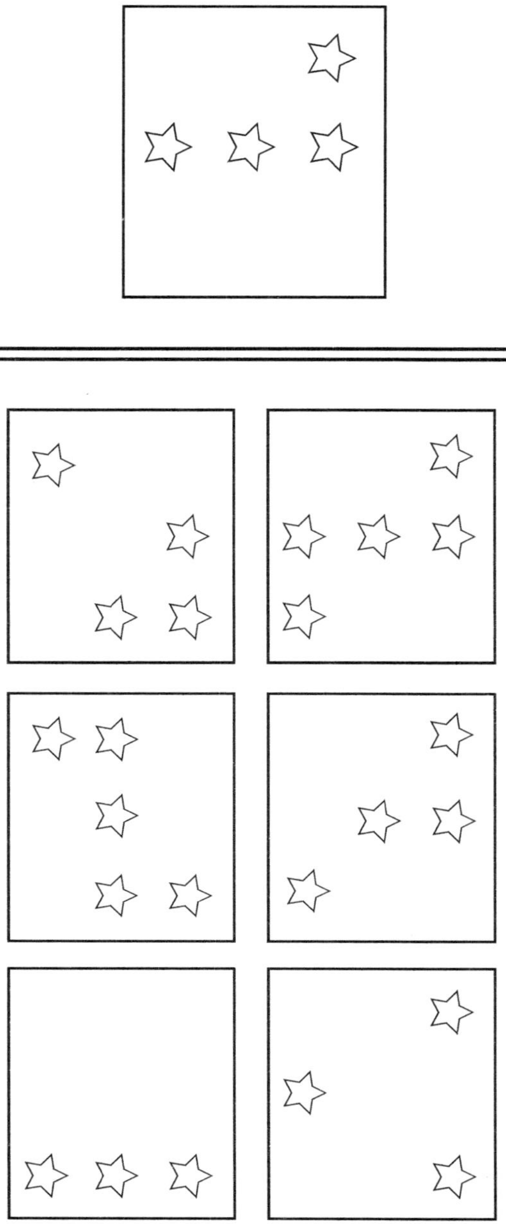

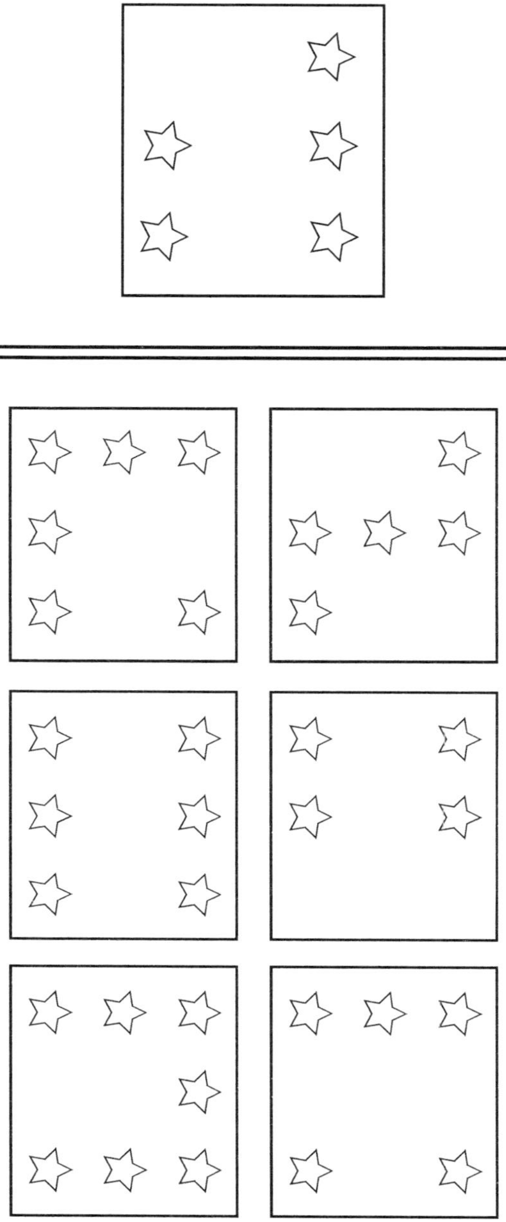

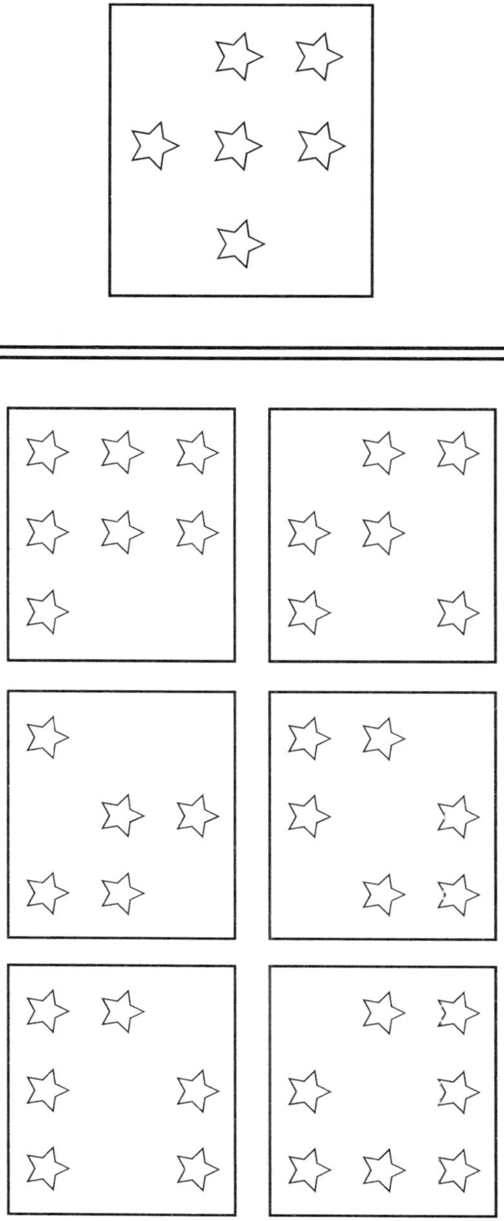

問題38－2

⑥

⑤

④

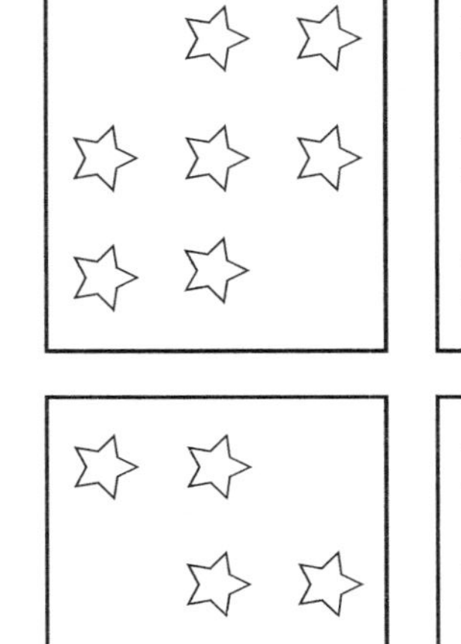

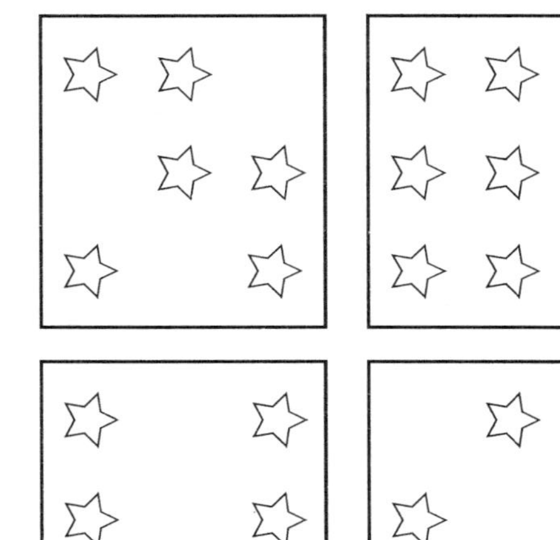

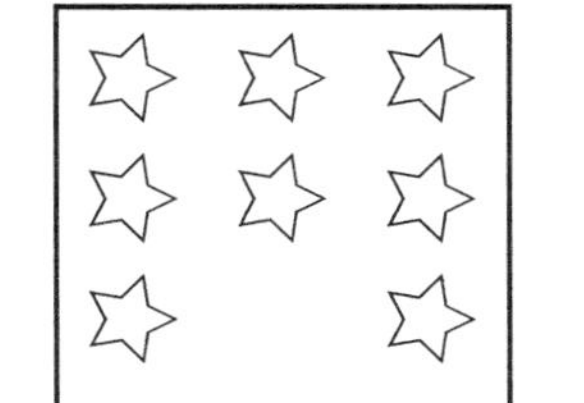

日本学習図書株式会社

問題３９

問題40

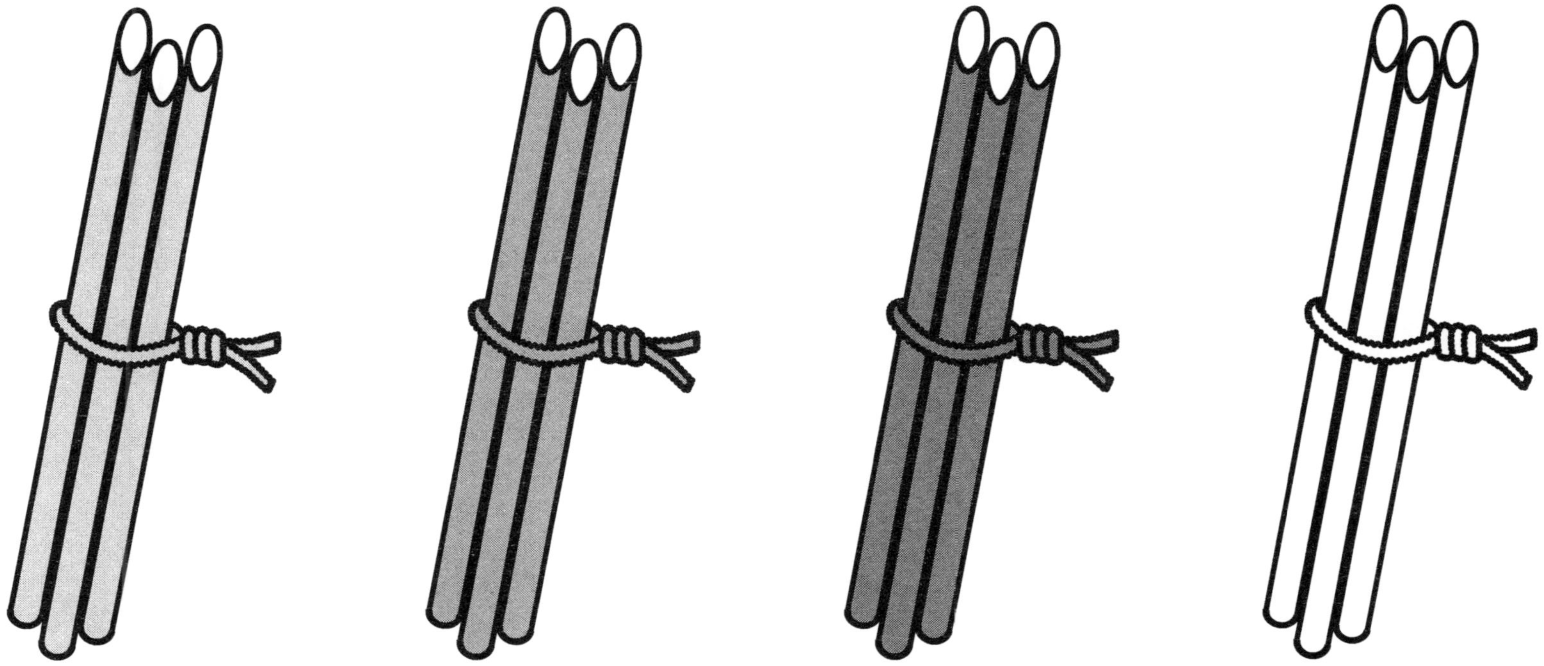

日本学習図書株式会社

分野別 小学入試練習帳 ジュニアウォッチャー

1．点・線図形	小学校入試で出題頻度の高い『点・線図形』の模写を、難易度の低いものから段階別に幅広く練習することができるように構成。
2．座標	図形の位置模写という作業を、難易度の低いものから段階別に練習できるように構成。
3．パズル	様々なパズルの問題を難易度の低いものから段階別に練習できるように構成。
4．同図形探し	小学校入試で出題頻度の高い、同図形選びの問題を繰り返し練習できるように構成。
5．回転・展開	図形などを回転、または展開したとき、形がどのように変化するかを学習し、理解を深められるように構成。
6．系列	数、図形などの様々な系列問題を、難易度の低いものから段階別に練習できるように構成。
7．迷路	迷路の問題を繰り返し練習できるように構成。
8．対称	対称に関する問題を４つのテーマに分類し、各テーマごとに問題を段階別に練習できるように構成。
9．合成	図形の合成に関する問題を、難易度の低いものから段階別に練習できるように構成。
10．四方からの観察	もの（立体）を様々な角度から見て、どのように見えるかを推理する問題を段階別に整理し、１つの形式で複数の問題を練習できるように構成。
11．いろいろな仲間	ものや動物、植物の共通点を見つけ、分類していく問題を中心に構成。
12．日常生活	日常生活における様々な問題を６つのテーマに分類し、各テーマごとに一つの問題形式で複数の問題を練習できるように構成。
13．時間の流れ	『時間』に着目し、様々なものごとは、時間が経過するとどのように変化するのかということを学習し、理解できるように構成。
14．数える	様々なものを『数える』ことから、数の多少の判定やかけ算、わり算の基礎までを練習できるように構成。
15．比較	比較に関する問題を５つのテーマ（数、高さ、長さ、量、重さ）に分類し、各テーマごとに問題を段階別に練習できるように構成。
16．積み木	数える対象を積み木に限定した問題集。
17．言葉の音遊び	言葉の音に関する問題を５つのテーマに分類し、各テーマごとに問題を段階別に練習できるように構成。
18．いろいろな言葉	表現力をより豊かにするいろいろな言葉として、擬態語や擬声語、同音異義語、反意語、数詞を取り上げた問題集。
19．お話の記憶	お話を聴いてその内容を記憶、理解し、設問に答える形式の問題集。
20．見る記憶・聴く記憶	「見て憶える」「聴いて憶える」という『記憶』分野に特化した問題集。
21．お話作り	いくつかの絵を元にしてお話を作る練習をして、想像力を養うことができるように構成。
22．想像画	描かれてある形や景色に好きな絵を描くことにより、想像力を養うことができるように構成。
23．切る・貼る・塗る	小学校入試で出題頻度の高い、はさみやのりなどを用いた巧緻性の問題を繰り返し練習できるように構成。
24・絵画	小学校入試で出題頻度の高い、お絵かきやぬり絵などクレヨンやクーピーペンを用いた巧緻性の問題を繰り返し練習できるように構成。
25．生活巧緻性	小学校入試で出題頻度の高い日常生活の様々な場面における巧緻性の問題集。
26．文字・数字	ひらがなの清音、濁音、拗音、拗長音、促音と１～20までの数字に焦点を絞り、練習できるように構成。
27．理科	小学校入試で出題頻度が高くなりつつある理科の問題を集めた問題集。
28．運動	出題頻度の高い運動問題を種目別に分けて構成。
29．行動観察	項目ごとに問題提起をし、「このような時はどうか、あるいはどう対処するのか」の観点から問いかける形式の問題集。
30．生活習慣	学校から家庭に提起された問題と思って、一問一問絵を見ながら話し合い、考える形式の問題集。
31．推理思考	数、量、言語、常識（含理科、一般）など、諸々のジャンルから問題を構成し、近年の小学校入試問題傾向に沿って構成。
32．ブラックボックス	箱や筒の中を通ると、どのようなお約束でどのように変化するかを推理・思考する問題集。
33．シーソー	重さの違うものをシーソーに乗せた時どちらに傾くのか、またどうすればシーソーは釣り合うのかを思考する基礎的な問題集。
34．季節	様々な行事や植物などを季節別に分類できるように知識をつける問題集。
35．重ね図形	小学校入試で頻繁に出題されている「図形を重ね合わせてできる形」についての問題を集めました。
36．同数発見	様々な物を数え「同じ数」を発見し、数の多少の判断や数の認識の基礎を学べるように構成した問題集。
37．選んで数える	数の学習の基本となる、いろいろなものの数を正しく数える学習を行う問題集。
38．たし算・ひき算１	数字を使わず、たし算とひき算の基礎を身につけるための問題集。
39．たし算・ひき算２	数字を使わず、たし算とひき算の基礎を身につけるための問題集。
40．数を分ける	数を等しく分ける問題です。等しく分けたときに余りが出るものもあります。
41．数の構成	ある数がどのような数で構成されているか学んでいきます。
42．一対多の対応	一対一の対応から、一対多の対応まで、かけ算の考え方の基礎学習を行います。
43．数のやりとり	あげたり、もらったり、数の変化をしっかりと学びます。
44．見えない数	指定された条件から数を導き出します。
45．図形分割	図形の分割に関する問題集。パズルや合成の分野にも通じる様々な問題を集めました。
46．回転図形	「回転図形」に関する問題集。やさしい問題から始め、いくつかの代表的なパターンから、段階を踏んで学習できるよう編集されています。
47．座標の移動	「マス目の指示通りに移動する問題」と「指示された数だけ移動する問題」を収録。
48．鏡図形	鏡で左右反転させた時の見え方を考えます。平面図形から立体図形、文字、絵まで。
49．しりとり	すべての学習の基礎となる「言葉」を学ぶこと、特に「語彙」を増やすことに重点をおき、さまざまなタイプの「しりとり」問題を集めました。
50．観覧車	観覧車やメリーゴーラウンドなどを舞台にした「回転系列」の問題集。「推理思考」分野の問題ですが、要素として「図形」や「数量」も含みます。
51．運筆①	鉛筆の持ち方を学び、点線なぞり、お手本を見ながらの模写で、線を引く練習をします。
52．運筆②	運筆①からさらに発展し、「欠所補完」や「迷路」などを楽しみながら、より複雑な鉛筆運びを習得することを目指します。
53．四方からの観察 積み木編	積み木を使用した「四方からの観察」に関する問題を練習できるように構成。
54．図形の構成	見本の図形がどのような部分によって形づくられているかを考えます。
55．理科②	理科的知識に関する問題を集中して練習する「常識」分野の問題集。
56．マナーとルール	道路や駅、公共の場でのマナー、安全や衛生に関する常識を学べるように構成。
57．置き換え	さまざまな具体的・抽象的事象を記号で表す「置き換え」の問題を扱います。
58．比較②	長さ・高さ・体積・数などを数学的な知識を使わず、論理的に推測する「比較」の問題を練習できるように構成。
59．欠所補完	線と線のつながり、欠けた絵に当てはまるものなどを求める「欠所補完」に取り組める問題集です。
60．言葉の音（おん）	しりとり、決まった順番の音をつなげるなど、「言葉の音」に関する問題に取り組める練習問題集です。

家庭学習をトータルサポート！ ニチガクのオリジナル 効果的 学習法

1 まずは アドバイスページを読む！

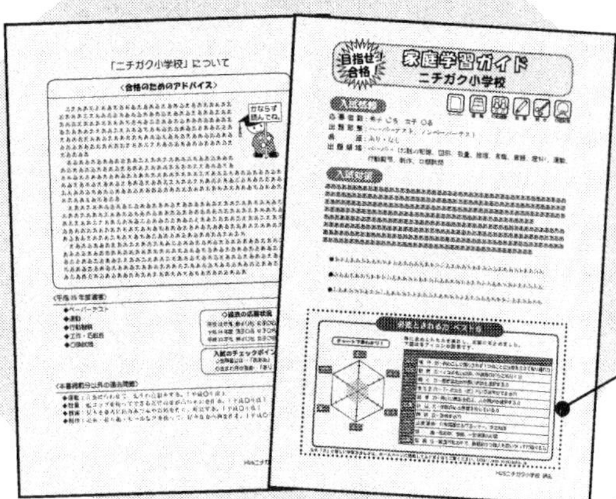

ピンク色です

対策や試験ポイントがぎっしりつまった「家庭学習ガイド」。分析内容やレーダーチャート、分野アイコンで、試験の傾向をおさえよう！

2 問題を全て読み、出題傾向を把握する

3 「学習のポイント」で学校側の観点や問題の解説を熟読

4 初めて過去問題にチャレンジ！

5 プラスα 対策問題集や類題で力を付ける

過去問のこだわり

各問題に求められる「力」

分野だけでなく、各問題の求められる「力」をアイコンで表記！アドバイスページの分析レーダーチャートで力のバランスも把握できる！

各問題のジャンル

問題1 分野：数量（計数） 集中 観察

〈準備〉 クレヨン

〈問題〉 ①虫がたくさんいます。それぞれの虫は何匹いますか。下のそれぞれの絵の右側に、その数だけ緑色のクレヨンで○を書いてください。
②果物が並んでいます。それぞれの果物はいくつありますか。下のそれぞれの絵の右側に、その数だけ赤色のクレヨンで○を書いてください。

〈時間〉 1分

〈解答〉 ①アメンボ…5、カブトムシ…8、カマキリ…11、コオロギ…9
②ブドウ…6、イチゴ…10、バナナ…8、リンゴ…5

出題年度

［2017年度出題］

学習のポイント

①は男子、②は女子で出題されました。1次試験のペーパーテストは、全体的にオーソドックスな内容で、特に難易度が高い問題ではありません。しかし、解答時間が短く、解き終わらない受験者も多かったようです。本問のような計数問題では、特に根気よく、数え落としがないように進めなければなりません。そのためにも、例えば、左上の虫から右に見ていく、もしくは縦に見ていく、というように、ルールを決めて数えていくこと、また、○や×、△などの印を虫ごとに付けていくことで、数え落としのミスを減らせます。時間は短いため焦りがつきものですが、落ち着いて取り組めるよう、少しずつ練習していきましょう。

【おすすめ問題集】
Ｊｒ・ウォッチャー14「数える」、37「選んで数える」

学習のポイント

各問題の解説や学校の観点、指導のポイントなどを教えます。
今日から家庭学習の先生に！

おすすめ対策問題集

分野ごとに対策問題集をご紹介。苦手分野の克服に最適です！
＊専門注文書付き。

2021年度版
日本女子大学附属豊明小学校　過去問題集

発行日　2020年6月30日
発行所　〒162-0821 東京都新宿区津久戸町 3-11-9F
日本学習図書株式会社
電　話　03-5261-8951 ㈹

ISBN978-4-7761-5280-4
C6037 ¥2000E

9784776152804

定価　本体2,000円＋税

1926037020004

詳細は http://www.nichigaku.jp 日本学習図書 検索